cocon

Mit freundlicher Unterstützung des Landkreises Gießen

Landkreis
Gießen

HESSENS MITTE ● WISSEN
WIRTSCHAFT & KULTUR

Ingrid Schick: Neunundneunzig mal Gießen und Gießener Land.
Orte. Menschen. Bilder. Geschichten.
Layout & Titelgestaltung: Daniel Nachtigal
CoCon-Verlag GmbH
In den Türkischen Gärten 13
63450 Hanau
Erschienen im Jahr 2016
www.cocon-verlag.de
ISBN 978-3-86314-311-4

Abbildungsnachweis
Ingrid Schick: 9, 11, 15, 17, 19, 23, 25, 27, 31, 35, 37, 41, 43, 47, 53, 57, 59, 61, 63, 69, 71, 73, 77, 81, 85, 87, 89, 91, 95, 97, 101, 103, 105, 107, 109, 113, 115, 117 (links oben, rechts oben), 125, 127, 135, 139, 141, 143, 145, 147, 149, 151, 153, 157, 159, 161, 165, 167, 169, 171, 181, 183, 185, 187, 191, 193, 195, 197, 199, 201 (unten), 203, 205, 207, 211, 213, 215
Anna Vinçon: 99, 120, 171
Denise Bassermann: 75
Alle weiteren Abbildungen wurden uns freundlicherweise von den jeweiligen Beteiligten zur Verfügung gestellt. Hierfür danken wir recht herzlich.

Wir bedanken uns außerdem bei Karin Bautz, Leiterin des Museums im Spital, bei Markus Lepper, 1. Vorsitzende des Kunstvereins Gießen und bei Dietmar Reichel für die freundliche Unterstützung.

# NEUN UND NEUNZIG MAL NEUNZIG MAL

## Gießen & Gießener Land

Orte. Menschen. Bilder. Geschichten.

INGRID SCHICK

## Grünberg

## Heuchelheim

## Holzheim

## Hungen

## Laubach

## Lich

## Linden

## Lollar

## Pohlheim

# Rabenau

# Staufenberg

# Wettenberg

# 1 Künstlerhof Arnold
## Kunst kommt von Können

Der Künstlerhof Arnold, das ehemalige Wohnhaus und Atelier von Wilhelm Heidwolf Arnold, präsentiert sich seit der Renovierung 2007 als lebendiges Museum. Hier lebte und arbeitete der Kunstbildhauer und Maler von 1925 bis zu seinem Tod 1984. Die von ihm geschaffenen Ehrenmale, Brunnen und Freiplastiken haben ihn weit über die Grenzen seiner Heimat hinaus bekannt gemacht. Die Werke sind vor Schulen, öffentlichen Gebäuden und auf Plätzen in Allendorf und der Region zu sehen.

Im Atelier werden zahlreiche Modelle gezeigt, die das bildhauerische Werk von W. H. Arnold dokumentieren. Außerdem wird die Entstehung eines größeren Werkes, einer Frau mit Kind, von den Skizzen über die Ton- und Gipsmodelle bis zum Original anschaulich dargestellt. Die Figur einer hoch aufragenden Frau, die im Gegensatz zu ihren schlanken oberen Proportionen auf einem ausladenden Hinterteil sitzt, lenkt die Aufmerksamkeit der Besucher im kleinen Museumsgarten auf sich. Beinahe ausdruckslos und kontemplativ nach innen gerichtet strahlt sie majestätische Ruhe aus.

Allegorische, schlanke Figuren, die stilistisch an Arnolds Darmstädter Zeit erinnern, stehen in Garbenteich und in seinem Heimatort Beuern. Abdrücke davon zieren neben zahlreichen Büsten bekannter Zeitgenossen den Ateliervorraum. Im Atelier selbst sind zahlreiche kleinere Plastiken und Studien wie von einem Flötisten, einer ranken Sportlerin bis zu Tierfiguren zu finden. Im Obergeschoss sind Gemälde von Wilhelm Heidwolf Arnold ausgestellt, meist Porträts und Landschaften.

In den Nebengebäuden des Künstlerhofes sind die Sammlungen des Heimat- und Verkehrsvereins von Gerätschaften des traditionellen Handwerks und der Landwirtschaft ausgestellt. Dorfschmiede, Schusterei und Wagnerei ergänzen die heimatkundliche Sammlung.

---

Marktstraße 7, 35469 Allendorf a. d. Lumda, Telefon 06407 9060592, Ö: Mi–Sa ab 18 Uhr, So ab 12 Uhr, Schlüssel im Restaurant. www.kuenstlerhofarnold.de

# 2 Museum der 1950er Jahre
## Swinging Fifties auf dem Lande

Das Wirtschaftswunder-Schlaf-zimmer mit gestickten Parade-kissen und Tagesdecken auf dem Bett, Federbetten, Spiegeltisch und einer Puppe, die kokett einen rosafarbenen Strumpfgürtel präsentiert, ist wohl das beste Beispiel für die Lebens- und Wohnkultur auf dem Lande in den 1950er Jahren. Das hellblaue abgesteppte Nacht-Jäckchen aus Kunststofffasern liegt ordentlich zusammengefaltet neben dem Bett, so als gehe die ehemalige Trägerin sogleich schlafen. Die stabile Schlafzimmereinrich-tung aus Vollholz, erweitert und dekoriert mit Lampen, Wäsche, Puppen und Puppenwagen aus der Zeit, stammt aus Allendorf und wurde von den Besitzern bis Mitte der 1950er Jahre benutzt.

Im Museum der 50er Jahre hat überwiegend Brunhilde Trenz, 1. Vorsitzende des rund 160 Köpfe starken Heimatvereins, Mobiliar aus Wirtschaftswunderzeiten zusammengetragen. „Allerdings stammen die Exponate im Ge-gensatz zum 50er-Jahre-Muse-um in Büdingen aus bäuerlichen Haushalten", klärt sie auf. Sie ist immer auf Schatzsuche – bei Haushaltsauflösungen oder bei Märkten und Auktionen. „Vieles bekommen wir gebracht, man-ches wird unaufgefordert einfach auf der Treppe abgestellt", berichtet sie. So wie die klobigen Skischuhe – aus Vollleder – in Tretbootgröße.

In der „guten Stube" domi-nieren auch nicht für die Zeit bekannte und beliebte Farben wie Pastellgrün, gedecktes Gelb oder knallrot, eher Brauntöne. Die Fernsehtruhe mit Stereoanlage, Cognacschwenker und Sammel-tassen auf dem ausziehbaren Couchtisch, die typischen dreiar-migen Blumenständer oder eine ganze Mecki-Sammlung fehlen ebenso nicht. Und in der kleinen Küche findet man dann auch die typischen Trendfarben der Zeit bei Kaffeekannen und -Tassen. Ja sogar die kleinen Spieße für 50er-Jahre-Häppchen wie gefüllte Eier und Käse-Igel liegen bereit.

---

Kirchstraße 15, 35469 Allendorf a. d. Lumda, Ö: Jeden ersten Sonntag im Mo-nat von 14–18 Uhr (oft mit Kaffeeklatsch) und nach Voranmeldung beim Hei-mat- und Verkehrsverein Allendorf (Lumda) e.V., Brunhilde Trenz, Telefon 06407 5267, www.heimatmuseum-allendorf.de

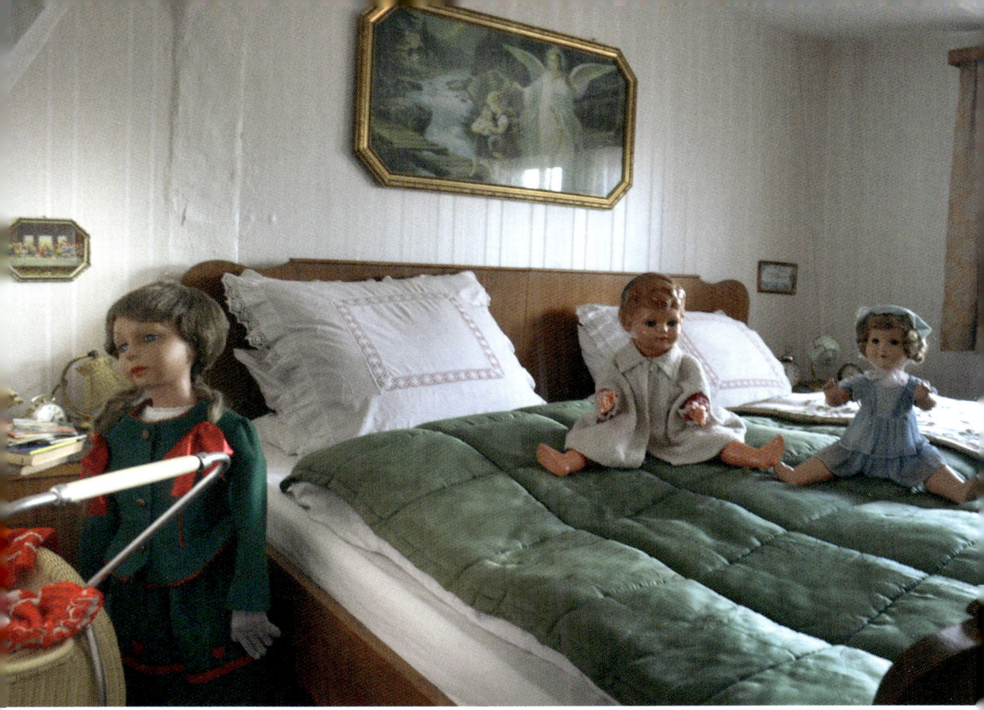

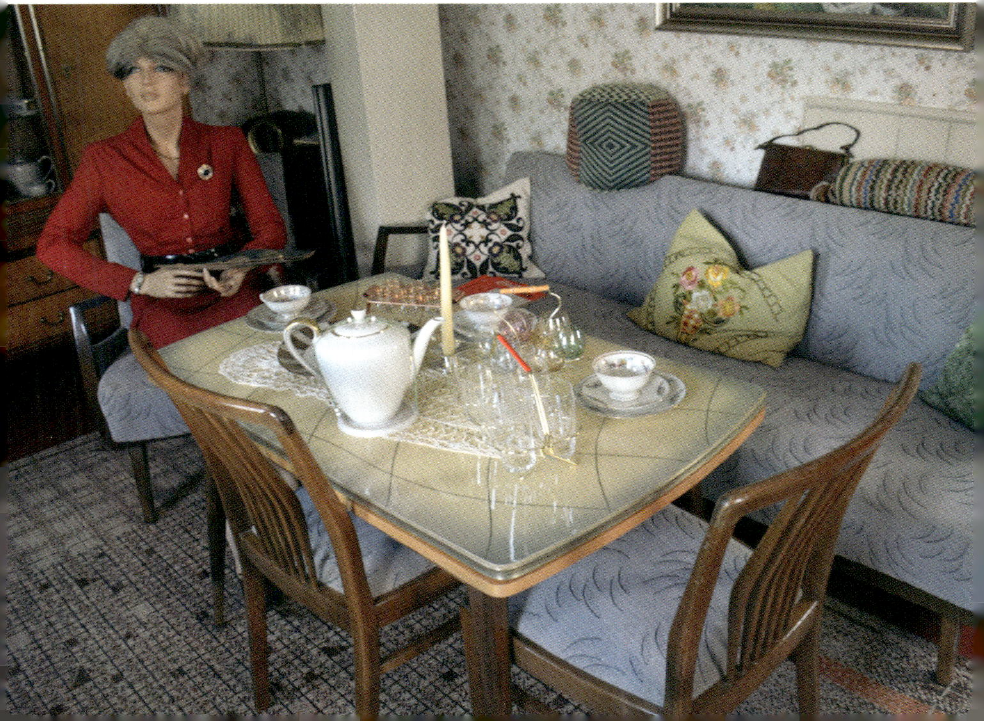

# 3 Schulbauernhof Tannenhof
## Unsere kleine Farm

Ernie, Hoppel und Keks heißen die rotbraunen Hasen im Stall. Nebenan wohnen Quasimodo Rosenohr und die Rote Zora, die selbst gezüchteten Hausschweine. Die Damen aus dem Kuhstall haben sommers Ausgang und sind auf der Weide anzutreffen. Auf dem Weg dorthin kommt man am großen Hühnerpferch mit viel Auslauf und dem Hausgarten vorbei. Auf dem Schulbauernhof Tannenhof von Louise und Goetz Hoffmann ist alles so, wie man sich artgerechte Tierhaltung und nachhaltige Landwirtschaft vorstellt und wünscht.

Der Tannenhof ist ein außerschulischer Lernort. Schülerinnen und Schülern dürfen hier mitarbeiten, Landwirtschaft und Natur entdecken. Zum Tannenhof gehören fünf Hektar Wiesen, neun Hektar Ackerland und ein großer Schülergarten. Auf dem Hof leben verschiedene Nutztierrassen und der Ackerbau stellt sich vielfältig dar, um ein möglichst umfassendes Bild der Landwirtschaft vermitteln zu können. „Wir möchten den Kindern den Ursprung der Nahrung wieder näher bringen", sagt der studierte Agraringenieur Goetz Hoffmann.

Bei einer Woche „Landurlaub" lernen die meist jugendliche Gäste in unterschiedlichen Gruppen wie der Stall-, der Kleinvieh- und Garten- sowie der Hauswirtschaftsgruppe bei der täglichen Arbeit überwiegend mit Nahrungsmitteln zu leben, die das Land rundum und die Tiere im Stall zur Verfügung stellen. Außerdem auf dem Stundenplan: die Herstellung von Lebensmitteln. In der Käserei wird Käse, Butter, Sahne und Quark von der Milch der Kühe hergestellt. Korn wird gemahlen und Brötchen oder Brot daraus gebacken. Der Gemüsegarten muss gepflegt werden, damit mittags frischer Salat oder Gemüse auf dem Tisch stehen kann. „Der Kontakt mit den Tieren und der Natur erdet die Kinder", weiß der Gastgeber aus Erfahrung.

---

Allertshäuser Straße 15, 35469 Allendorf a. d. Lumda, Telefon 06407/ 90 59 01, www.schulbauernhof-tannenhof.de. Große Nachfrage, deswegen langfristig buchen!

# 4 Dünsberg
## Hereinspaziert in die Welt der Kelten!

Der Dünsberg ist mit 498 Metern die höchste und markanteste Erhebung zwischen Marburg, Wetzlar und Gießen. Der waldreiche, kegelförmige Berg ist komplett unter Naturschutz gestellt. Hier sind mindestens seit dem 8. Jahrhundert v. Chr. Menschen heimisch gewesen. Im 3. vorchristlichen Jahrhundert hatte die keltische Siedlung auf dem Dünsberg wahrscheinlich ihre Blütezeit. Noch heute erkennt man drei konzentrische, sechs bis zehn Meter hohe Ringwälle, auf denen zusätzlich Palisaden aus Holz errichtet wurden. Die Wälle schützten auf neun Kilometern Länge das etwa 90 Hektar große keltische Oppidum. Insgesamt 14 heute nachzuweisende Tore gewährten Zugang in die Siedlung, in der bis zu 8000 Personen lebten.

Wie diese Schutzmauern einst konstruiert waren, ist noch nicht abschließend erforscht – auf jeden Fall waren es Befestigungen aus Holz, Steinen und Erde aus der näheren Umgebung. Diese Technik ist aus dem ganzen keltischen Siedlungsraum bekannt und wurde beim Bau des Keltentors 2002 durch den Dünsbergverein übernommen. Der imposante Torbau gewährt einen guten Einblick in die Konstruktionsweise keltischer Stadtmauern. Das Tor wird bewacht vom „Weisen Druiden", einer Holzskulptur.

Gut zu erkennen ist, dass es sich auf dem Dünsberg um ein Tangentialtor handelt, das eine frontale Annäherung zum Beispiel von Feinden verhindert. Der Durchgang ist nur seitlich zu erreichen, indem sich mögliche Angreifer mit einer Seite zur Mauer wenden. In der Regel hat das Tangentialtor eine Wendung nach links, so dass Angreifer ihre rechte, ungeschützte Seite (Schildhand war links) präsentieren müssen. Heute gelangt man bequem durch weit geöffnete Holztore ins 2006 errichtete Informations- und Museumspädagogische Zentrum, das einen anschaulichen Eindruck vom Leben der Kelten auf dem Dünsberg gibt.

---

Parkplatz Keltentor, zu erreichen über die Landesstraße 3047 nach Frankenbach und Gladenbach, am Abzweig der Landesstraße 3061 nach Krumbach. Ö: April–Oktober Mi/Sa 13–17 Uhr, So 10–17 Uhr, Führungen nach Voranmeldung auch außerhalb der Öffnungszeiten möglich. Info: Dünsberg Verein e.V., Telefon 06409 9649, www.duensberg-verein.de

# 5 Lapidarium
## Und Steine sprechen doch!

Was bitte ist ein Lapidarium? Ganz lapidar eine Sammlung alter Stoffe vielleicht? Nein, stimmt nicht. Lapidarium ist die Bezeichnung für eine Sammlung von Steinen oder Kunstwerken aus Stein wie Skulpturen, Sarkophage, Epitaphe, Meilen- oder Grabsteine. Bekannte Lapidarien sind „Augusta Raurica" des Landesmuseums Württemberg oder das Lapidarium in Berlin-Kreuzberg beispielsweise.

Das Lapidarium oder in diesem Fall der „Grenzsteingarten" für das Gleiberger Land ist eine kleine, feine Sammlung von historischen Vermessungs-, Forst- und Grenzsteinen. Dem Experten erzählen diese Steine jede Menge historische Begebenheiten. Besonders gut erhalten und lesbar ist der Bergwerksstein, auf dem die Jahreszahl 1889 und die Inschrift Briel-Stollen noch deutlich zu erkennen sind. Der Stein stammt aus der Grube Abendstern und legt Zeugnis ab von der Eisengewinnung im Raum Bieber und Fellingshausen. Hier wurde manganreiches Brauneisenerz gefördert. Auch der benachbarte Forststein hat eine Geschichte zu erzählen. KPF steht nämlich für Königlich Preußischer Forst. Die Jahreszahl ist für das ungeübte Auge nicht mehr zu entziffern. Forststeine zeigen die forstrechtliche Obrigkeit an, was nicht mit dem Eigentum gleichzusetzen ist. Ihre Funktion würde eher die Bezeichnung „Forsthoheitsstein" beschreiben.

In den an der Informationstafel angebrachten Flyerboxen finden Besucher Informationen über die im Lapidarium gezeigten Grenzsteine. Weitere Faltblätter erklären Hausmarken- und Wappenkunde und erläutern die frühere Schreibweise von Buchstaben und Zahlen auf den Grenzsteinen.

---

An der Grenze der Biebertaler Gemarkungen Fellingshausen und Rodheim-Bieber, neben dem Naturdenkmal Toteneiche an der K 24. Der Kelten-Römer-Pfad führt direkt am Lapidarium vorbei. Kontakt und Infos: Gerd Mathes, Telefon 06473-921110 oder Christian Görzel, Telefon 02772 61198

# 6 Blutegelzucht
## Egel sind gar nicht eklig

Mehr als eine Million Blutegel leben auf 7000 Quadratmetern in 40 naturnah gestalteten Becken unter den Dächern einer ehemaligen Gärtnerei, in den Labors, Fütter- und Quarantänestationen der Blutegelzucht. Seit 2015 gibt es auch einen Rentnerteich, in dem die Blutegel nach dem Einsatz an Mensch und Tier ihren Lebensabend verbringen können – anstatt als Medizinprodukt „entsorgt" zu werden. Damit ist die Biebertaler Blutegelzucht einmalig und die größte in Westeuropa sowieso. Jährlich werden etwa 350.000 Blutegel als lebendes Arzneimittel verkauft und verschickt.

Weltweit gibt es an die 600 Egelarten, aber nur 15 Arten produzieren medizinisch wirksame Substanzen. Darunter „Hirudo medicinalis" mit dem bereits Hildegard von Bingen heilte, und „Hirudo verbena". Ersterer steht in Deutschland und weiteren Ländern Europas unter Naturschutz. Ein Besuch bei „Hirudo verbena", der anstelle des fast ausgestorbenen „Hirudo medicinalis" in Biebertal zum Einsatz kommt, ist spannend. Zum Beispiel weil man die schön, wie kleine Schlangen gezeichneten Blutegel, hautnah betrachten kann. Nervenkitzel: Steht man am Rand der mit Seerosen und allerlei Wasserpflanzen besetzten Becken, erregt man eine gewisse Aufmerksamkeit, und die lebende Medizin sucht in Scharen auch ohne Indikation Kontakt zu frischem Blut. Kein Wunder: wurden sie doch bis zu sechs Monate lang nicht gefüttert.

Auch vor ihrem medizinischen Einsatz müssen die Egel in 32-wöchige Quarantäne ohne Fütterung, um eine Keimabgabe durch ihren Speichel zu verhindern. Dafür schmeckt es dann beim Einsatz am Tier oder Menschen bei Arthrose, Abszess, Hämatom, Bluthochdruck und vielen anderen Erkrankungen umso besser. Dabei hat nicht das Blutabsaugen die heilende Wirkung, sondern vielmehr der Speichel, den die Egel beim Saugen absondern.

---

Talweg 31, 35444 Biebertal–Rodheim, Telefon 06409 661400, www.blutegel.de, Besichtigung nur nach Voranmeldung!

# 7 Gail'scher Park
**Ein Paradies auf Erden**

In den 1870er Jahren ließ der Gießener Tabak- und Keramikfabrikant Wilhelm Gail den Gail'schen Park als Sommersitz für sich, seine geliebte Gattin Wilhelmine und die vier Kinder anlegen. Der Park im Taschenformat (drei Hektar mit zwei Kilometern Wegen) ist ein einzigartiges Beispiel eines englischen Landschaftsparks in Mittelhessen. Für die Planung und den Bau engagierte der Industrielle prominente Fachleute aus Frankfurt, wie den Gartenkünstler Heinrich Siesmayer. Investitionsvolumen: der Gegenwert von 900 Facharbeiter-Jahreseinkommen. Heute gehört der Park der Gemeinde Biebertal–Rodheim und steht seit 1999 unter Denkmalschutz. Der Verein „Freundeskreis Gail'scher Park" kümmert sich um dessen Erhaltung.

Im Park befinden sich „Staffagebauten" wie das Schweizer Haus mit einer mit aufwendiger Durchbruchschnitzerei gezierten Veranda. Dahinter liegen die zweitältesten Tennisplätze Hessens (1896) – heute neu saniert. Die ältesten befinden sich im Kurpark Bad Homburg. Auf einer kleinen Anhöhe steht das Uhrtürmchen (erbaut 1896) mit Biberschwanz-Dacheindeckung in Gail'scher Glasurklinker. Die Farbglasur im Ringofen war eine 1902 zum Patent angemeldete Erfindung der Firma Gail. Die große Turmuhr geht noch heute auf die Sekunde genau und schlägt alle halbe Stunde. Die immer wieder kolportierte Aussage, dass dieses Türmchen auf der Pariser Weltausstellung 1900 als Ausstellungsstück diente, gehört ins Reich der Legenden.

160 Pflanzen- und Baumarten aus aller Welt – darunter Raritäten wie Mammutbaum, Lebkuchenbaum oder Korkspindel – gedeihen im Park, eröffnen oder versperren durch geschickte Arrangements mit Hecken immer wieder neue Sichtachsen, leiten die Blicke wie eine Bühnendekoration. Genau das ist das Anliegen eines Landschaftsparks: Natur zu idealisieren und zu inszenieren.

---

Gail'scher Park, Haupteingang Gießener Straße/Am Schindwasen, 35444 Biebertal–Rodheim, Ö: 01.03–31.10.: Sa 12–18, So/Feiertage 14–18 Uhr, 1.11.–29.02: So 14 bis Einbruch der Dunkelheit. Führungen: jeweils am ersten So des Monats um 14 Uhr, Infos und private Führungen: Freundeskreis Gail'scher Park, Tel. 06409 81070, www.gailscherpark.de

# 8 Burg Vetzberg
## Wie ein Fels in der Brandung

Von weither sichtbar, prägen die beiden Burgen Gleiberg und Vetzberg – nur 1,5 Kilometer voneinander entfernt – das Landschaftsbild im Gießener Land. Von der Burg Vetzberg, erste urkundliche Erwähnung 1226 als „Vogtisburg", ist nur noch der 21,7 Meter hohe Bergfried und die Giebelwand des Palas erhalten. Der Turm trägt derzeit „Bauchbinden". Grund: Ein Stück der Mauer drohte herauszubrechen. Im Bergfried befinden sich drei mit Kuppelgewölben überdeckte Stockwerke. Die ursprünglichen Hocheingänge waren auf 8,60 und 12,80 Meter eingebaut. Als letzte Zuflucht bei einem erfolgreichen Angriff auf die Burg waren sie nur auf Leitern zu erreichen.

Auch der heute gepflasterte Weg zur Burg wurde strategisch geplant und angelegt: Er folgte nicht einer natürlich vorhandenen Trasse, sondern wurde absichtlich rechts um den Burgberg geführt, damit die Angreifer ihre rechte Seite, die nicht durch den Schild geschützt war, den Verteidigern zuwenden mussten. „Der Vetzberg war die Vorhut von Burg Gleiberg, eine Machtdemonstration", erklärt Gabriele Wölfel, 1. Vorsitzende des Vetzbergvereins. Die Geschichte, dass beide Burgen mit einem geheimen Gang verbunden seien, verbannt sie ins Reich der Legenden.

Im Jahr 2000 hat der Vetzbergverein die Stahltreppe zwischen Palasmauer und Turm montieren lassen. Sie führt über den Hocheingang in das mittlere Bergfried-Stockwerk und zu einer Aussichtsplattform in Richtung Dünsberg. Innen geht es über ein Stahlgitter zu einer Aussichtsplattform Richtung Gleiberg. Zum Glück ist es darunter sehr dunkel, so dass man nicht in die Tiefe schauen muss. Der Aufstieg wird mit tollen Aussichten auf den Dünsberg, die Burg Gleiberg und ins Gießener Land belohnt.

---

35444 Biebertal–Vetzberg, Burgstraße, Ö: Die Turmaußentreppe kann jederzeit nach Voranmeldung benutzt werden. Den Schlüssel zum Mittelgeschoss gibt's in der Burgschänke (Ö: Mi-Sa ab 14, Sonn- und Feiertage ab 11.30 Uhr) oder beim Vetzbergverein. Info und Führungen: Vetzbergverein, Telefon 06403/72576 oder 06409/ 7679, www.vetzbergverein.de

# 9 Barfußpark
## Mit den Füßen sehen

Wassertreten im runden Becken, durch einen Bachlauf waten, über Rindenmulch laufen, den Unterschied zwischen Edelsplitt, runden Kieseln und Sand an den Füßen spüren, über glatte Pflastersteine gehen oder auf Stelzen balancieren – ein Rundgang auf dem gut 200 Meter langen Barfußpark am Eltersberg regt die Durchblutung an wie eine Fußreflexzonenmasse, stärkt den Kreislauf und ist Balsam für die Seele. An Hör- und Fühlsteinen am Wegesrand sowie den Kräuter- und Blumenbeeten wird die sinnliche Wahrnehmung zudem sensibilisiert.

Den Sinnesparcours mit 15 Stationen in einem 5000 Quadratmeter großen Park hat das Basalt- und Betonwerk Eltersberg auf seinem Ausstellungsgelände angelegt. Die Idee dazu hat Prokuristin Renate Eisenreich bereits vor 10 Jahren aus dem Urlaub mitgebracht. Bei der Konzeption geholfen hat „Barfußpapst" Professor Lorenz Kerscher.

Natürlich habe ich den Parcours im Selbstversuch getestet. Hinein ins erfrischende Nass der Wassermassage, dann wie der Storch im Salat eine Runde im knietiefen Tretbecken drehen und danach durch den steinigen Bachlauf gehen. Spätestens jetzt ist man hellwach. Im weiteren Verlauf führt der Rundweg über Wiesenboden und die „blonde Frieda". Letzteres ist ein Pflaster mit schöner Struktur, gefertigt im Basalt- und Betonwerk.

Durch Sand zu laufen ist mir ein angenehmes sommerliches Vergnügen, aber Edelsplitt und Rindenmulch haben es in sich – da muss ich schon mal tapfer sein. Für Abwechslung sorgen Erlebnisstationen wie der Stelzenlauf, die Baumstammwippe, Fühl- und Summsteine. Nach einem erlebnisreichen Rundgang und Sinneserfahrungen auf den verschiedenartigen Materialien erreiche ich schließlich die Fußbrause nahe dem Ausgangspunkt. Und wie sagen kleine Kinder, wenn das Märchen zu Ende ist? Noch mal!

---

Basalt- und Betonwerk Eltersberg, Flößerweg 100, 35418 Buseck–Alten-Buseck, Telefon 06408 5070, Ö: April bis Oktober, Mo–Fr 7 bis 18, Sa + So 14 bis 17 Uhr. Eintritt frei.

# 10 Hobby- und Sammlerwelt
## 1000 tolle Sachen, die Freude machen

Oldtimer und Music-Box aus dem frühen 20. Jahrhundert, Friedensuniformen aus der Kaiserzeit und eine indianische Sammlung, Bügeleisen und Trachtenpuppen, Ostereiersammlung und die Originaleinrichtung der Weilburger Amtsapotheke, Steffan-Bellof-Memorial und Gießener Studentika – die Exponate in der Sammler- und Hobbywelt sind so vielfältig, dass man hier eine ganze Woche stöbern, schauen und staunen könnte. Und man hätte noch immer nicht alle Ausstellungsstücke betrachtet.

Allein in der Legowelt sind 500 Kilogramm Legosteine verbaut. Wie viele Streichhölzer der Erbauer des Schloss Braunfels benötigte, ist nicht bekannt, nur dass er viereinhalb Jahre am Nachbau der trutzigen Schlossanlage gearbeitet hat. Außerdem steht hier die wahrscheinlich größte sechsspurige Carrera-Bahn Deutschlands, an der große und kleine Hobby-Rennfahrer wöchentlich bei Trainingsabenden ihre Runden ziehen. Das alles und noch viel mehr haben die beiden Gründer Bernd und Harald Busse für ihr Privatmuseum in vielen Jahren zusammengetragen.

Highlight für Hobby-Eisenbahner: die mit gut 1000 Quadratmetern wohl größte Eisenbahnanlage Hessens. Hier rattern acht verschiedene Eisenbahnen auf unterschiedlichen Spurgrößen von Urspur 0, Spur 1, G, Z sowie ein Trix-Express oder eine Märklin-Eisenbahn von 1960 ebenso wie eine Gartenbahn durch alpine Landschaften, durch exakt nachgebaute Bahnhöfe und Landschaften en miniature. Überall sind Schalter angebracht, so dass die Besucher die Bahnen starten, Anlagen oder die kleine Welt drum herum in Bewegung setzten können. Mit dem Aufbau der Eisenbahnanlage waren 10 Helfer ein Jahr lang von morgens bis abends beschäftigt. Für ein besonderes Fundstück, eine Eisenbahn aus den 1950er Jahren, gab es eine besondere Beigabe: drei Ordner mit Schaltplänen, die den Erbauern der Eisenbahnwelt in der Hobby- und Sammlerwelt einige Rätsel, wenn auch nicht unlösbare, aufgaben.

---

SaHo Sammler- und Hobbywelt GmbH, Kiesacker 5, 35418 Buseck–Alten-Buseck, Telefon 06408 500853, www.sammler-und-hobbywelt.de

## Wir sind für Sie da

**Tourist-Information Gießen**
Berliner Platz 2
35390 Gießen

Tel: 0641 – 306 18 90
Fax: 0641 – 306 18 99

E-Mail: tourist@giessen.de

Wir sind für Sie da:
Mo – Fr: 9:00 – 18:00 Uhr
Sa: 10:00 – 14:00 Uhr

Ein Service der Gießen Marketing GmbH

# 11 Alter Friedhof
## Ruhe und Frieden

Der idyllische Alte Friedhof mit hohen Bäume, wildem Grün und historischen Bauten wie den im 17. Jahrhundert gebauten Sinold´schen und Todenwart´schen Totenhäusern und zahlreichen in die Jahre gekommenen Grabmalen ist nicht nur Ruhestätte von zahlreichen bekannten Gießener Persönlichkeiten, der wild-romantische Park ist auch ein Ort der Stille und Einkehr für die Lebenden. Denn die Stadt Gießen hat den Friedhof bereits im Jahr 1900 zur Grünanlage erweitert und saniert die Anlage seit den 1980er Jahren kontinuierlich.

Zu den vielen Persönlichkeiten aus Stadt und Universität, die hier beigesetzt sind, ist wohl Wilhelm Conrad Röntgen (1845–1923), der Entdecker der nach ihm benannten Röntgen-Strahlen und erster Nobelpreisträger für Physik 1901, der Prominenteste. Er forschte und lehrte von 1879 bis 1888 als Professor für Physik an der Gießener Universität. Seine Bestattung im Gießener Familiengrab fand auf seinen ausdrücklichen testamentarischen Wunsch hin statt. Sein Grab ist im Vergleich zu machen anderen eher schlicht, aber darüber breitet sich ein Blumenmeer. Heute sind auf dem Friedhof nur noch Urnen-Beisetzungen in alten Familiengräbern möglich.

Der Alte Friedhof wurde um 1530 im Zuge der Stadterweiterung unter Philipp dem Großmütigen am Nahrungsberg angelegt – für damalige Verhältnisse weit außerhalb des neu entstehenden Festungswalls. Sehenswert ist auch die Fachwerk-Friedhofskapelle, erbaut 1623–1625 unter Stadtbaumeister Johann Ebel zum Hirsch. Renoviert wurde die Kapelle 1860 durch Hugo von Ritgen (1811-1889). Eine Gedenktafel auf dem Alten Friedhof erinnert an ihn. Der bekannte Architekt war der erste Professor für Architektur und Kunstgeschichte der Universität Gießen und gilt als der erste Denkmalpfleger Deutschlands. Er leitete auch die Restaurierung der weltbekannten Wartburg.

---

Haupteingang: Licher Straße, 35390 Gießen, Ö: ganzjährig rund um die Uhr. Die Friedhofskapelle ist verschlossen und kann nur im Rahmen von Gottesdiensten oder Führungen, die von der Gießen Tourismus angeboten werden, oder öffentlichen Veranstaltungen besichtigt werden.

# 12 Badenburg
## Von wegen arme Ritter!

Wie wäre es mit einer „Schippe Dreck" oder einem „Eimer Knochen" als Hauptspeise? Oder Sie wagen sich an einen „Strammen Knappen"? Zum Dessert können Sie im rustikalen Burgkeller, dem Sudhaus oder auf der idyllischen Burgterrasse noch einen „Armen Ritter" vernaschen. Die wehrhafte anmutende Anlage, idyllisch direkt an der Lahn gelegen, ist seit mehr als 40 Jahren ein beliebtes Ausflugslokal und ebenso lange im Familienbesitz. Heute leitet Julia Moos die Geschäfte.

Im Jahre des Herrn 1350 ließ der landgräfliche Vasall Johann von Weitershausen die Badenburg erbauen und innen aufwändig mit Malereien gestalten. Sie diente bis zum 30-jährigen Krieg als Herrensitz und war keine Verteidigungsanlage. Jeder Burg ihre Legende, so auch der Badenburg. Die aus Silber gegossene Glocke aus der Kapelle soll vor ihrer Zerstörung gerettet und schlussendlich bei einer krummen Erle unweit der Badenburg in die Lahn versenkt worden sein.

Bereits um 1760 war die Burg am Fluss ein Schankbetrieb, Gießener Bürger und Studenten strömten hierher. Für die Kooperierten war die Badenburg bis ins 20. Jahrhundert ein beliebter Ort für geheime Treffen und Mensuren. Auch die Akteure und Denker des Vormärz wie Georg Büchner und Friedrich Ludwig Weidig sollen zu Gast gewesen sein.

Von dem ehemaligen Hofgut existieren noch Mauerreste über einem großen gewölbten Keller sowie ein Wohngebäude und ein Gesindehaus aus dem 16. Jahrhundert. Im Bruchstein-Keller befindet sich der rustikale Ritterkeller, nebenan das Sudhaus. Sommers sitzt man auf der Burgterrasse ganz versteckt und lauschig inmitten einer üppigen Grünzone oder auf der Terrasse vor der Burgmauer mit Blick auf die Lahn. Außerdem kann man sich in diesem außergewöhnlichen Ambiente trauen (lassen), Familienfeste feiern oder sich ein Rundum-Sorglos-Picknickpaket buchen.

---

Gießen, Inselweg 122, Telefon 06406/3912, Ö: Mo-Sa 18-24, So und Feiertage 11-24 Uhr, kein Ruhetag, www.badenburg.de. Anfahrt von Gießen: Richtung Wißmar, vom Wißmarer Weg geht rechts ein geteerter Weg ab zur Badenburg.

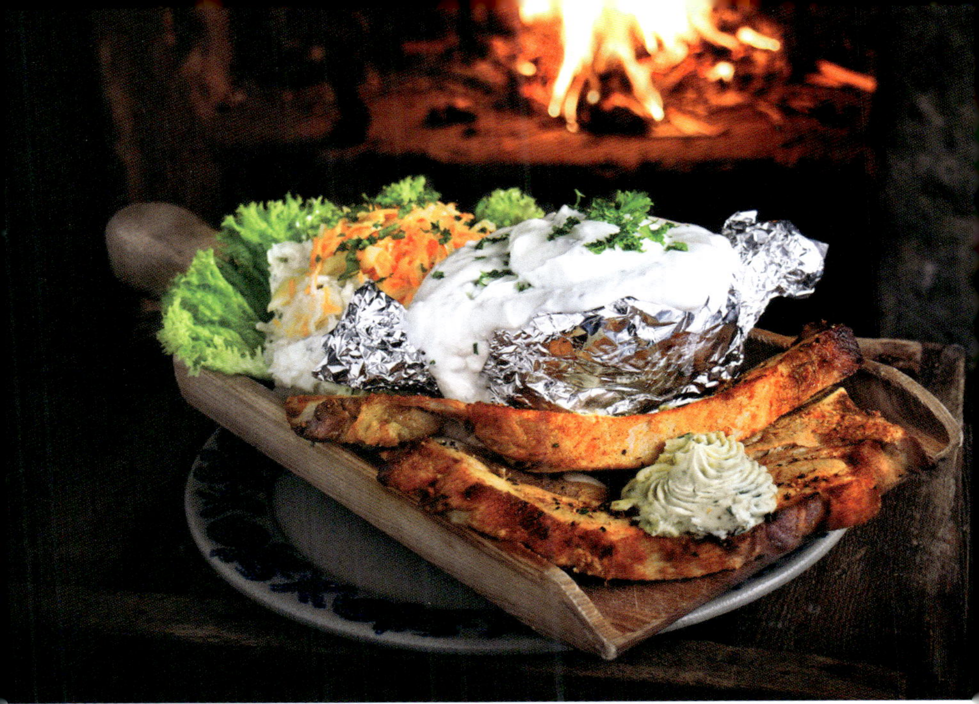

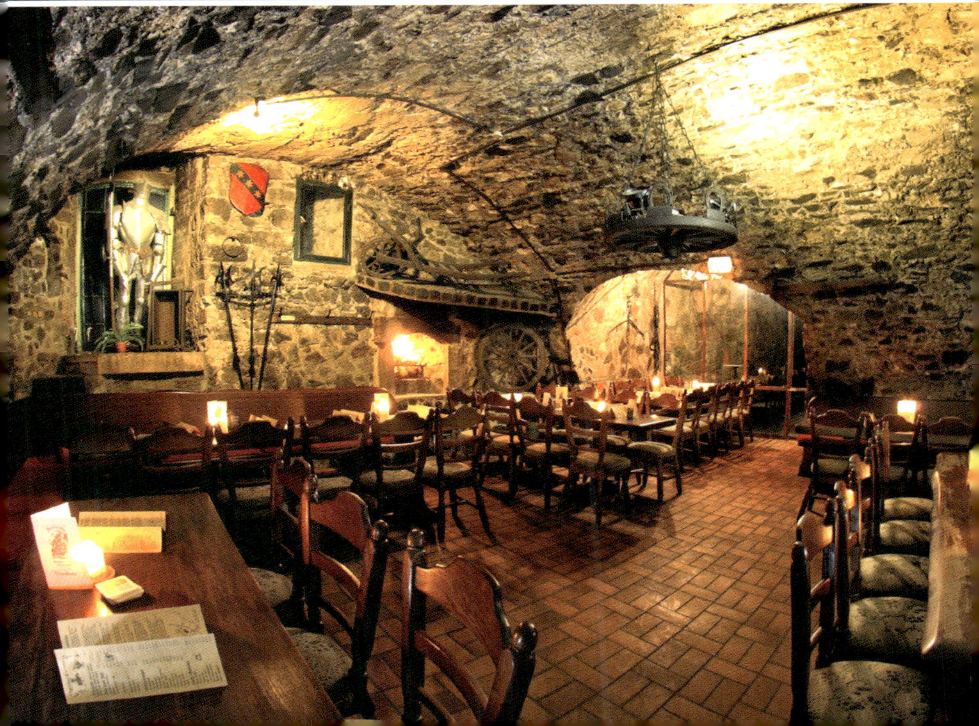

# 13 Bootshaus
## Alles am Fluss

Mitten im Grünen, direkt an der Lahn und doch stadtnah – das Bootshaus der Gießener Rudergesellschaft ist ein lauschiges Plätzchen fürs traute Tête-à-Tête, Geschäftsessen, Familienausflüge oder Stop-over bei Rad- und Wandertouren entlang der Lahn.

Bereits 1890 wurde von der Gießener Rudergesellschaft das erste Vereinslokal an der Lahn eingeweiht. Dieses im 2. Weltkrieg zerstörte Gebäude wurde nach Kriegsende wieder aufgebaut, 2006 jedoch durch den heutigen modernen Bau mit Dachterrasse, Wintergarten, viel Glas für grandiose Ausblicke ins Lahntal und schönem Biergarten ersetzt. So ist das Bootshaus zu einem der schönsten Plätze zum Ausspannen – egal, ob in Gesellschaft oder alleine, avanciert. Bei schönem Wetter, im Sonnenuntergang, aber auch wenn Nebelschleier über die Lahn ziehen, hier sitzt man immer in der ersten Reihe und kann die Seele baumeln lassen.

Für das leibliche Wohl sorgt die Küche mit einer großen Auswahl an Speisen für jeden Gusto: Hessen-Antipasti (gebratene Kartoffelwurst, Spundekäs', Handkäs' mit Musik, Grie Soß' mit Ei und Landbrot) sind fast zu üppig portioniert für den kleinen Hunger. Vogelsberger Kartoffelsuppe oder Handkäs'-Salat – Sie merken, wohin die kulinarische Reise geht? In die Heimat natürlich! Deswegen gibt's auch den als Bellschuh bekannten Gießener Hackbraten mit deftiger Zwiebelsauce neben dem Schweinkammbraten mit dunkler Biersauce. Nachmittags werden lecker Kuchen und Torten, alles Handarbeit, und Kaffeespezialitäten serviert.

Bootshausstraße 12, 35390 Gießen, Telefon 0641/68692555,
www.bootshaus-giessen.com

# 14 Botanischer Garten
## Es grünt so grün ...

Studenten sitzen mit ihren Laptops auf der Wiese, Verliebte busseln unter den Bäumen, Erholungssuchende flanieren zwischen den zahlreichen Beeten, Hobby-Botaniker stöbern in den Gewächshäusern – der Botanische Garten blickt auf eine gut 400-jährige Geschichte zurück, ist fester Bestandteil und zentraler Ort von Forschung und Lehre der Universität Gießen, aber auch ein Ort der Kontemplation inmitten der Stadt.

Es war Landgraf Ludwig von Hessen-Darmstadt, der der 1607 gegründeten Universität nur zwei Jahre später ein Lustgärtchen am Schlossturm zur Einrichtung eines „hortus medicus" (Heilpflanzengarten) überließ. Der Botanische Garten der Justus-Liebig-Universität ist somit der älteste botanische Universitätsgarten Deutschlands, dessen alte Teile noch immer zur heutigen Anlage gehören. Unter Leitung des ersten Gartendirektors Ludwig Jungermann prosperierte der Garten. Von ihm stammt unter anderem ein 1623 zusammengestelltes Pflanzenverzeichnis für die Umgebung von Gießen, welches leider verschollen ist. Nach den Wirren des Dreißigjährigen Kriegs beschrieb Johann Tackius den Botanischen Garten als „Garten einer Wildnis gleich". In den folgenden Jahren, Jahrzehnten und Jahrhunderten wurde aufgeräumt, umgebaut und erweitert.

Bei dem alliierten Luftangriff vom 6. Dezember 1944, bei dem 200 bis 300 Brandbomben auf den Botanischen Garten fielen, ging wieder alles kaputt. Nur die alten Bäume überstanden den Luftangriff gut. Unmittelbar nach Kriegsende wurde mit dem Wiederaufbau des Gartens begonnen, es wurden neue Gewächshäuser gebaut und die Forschung erlebte unter Leitung von Professor Volker Wissemann (seit 2009) einen neuen Aufschwung. Der Botanische Garten entwickelt sich seither vom „Hortus medicus" zum „Garten der Evolution". Ein blindengerecht gestalteter Duft- und Tastgarten bereichert seit 2006 das Angebot.

Senckenbergstraße 6, 35390 Gießen, Tel. 0641 9935240,
Ö: Die Öffnungszeiten wechseln und sind unter
www.uni-giessen.de/cms/ueber-uns/botanischer-garten/offen
zu finden.

# 15 Eisenbahnfreunde Oberhessen
## Immer auf Achse

Die Freunde historischer Eisenbahnfahrzeuge aus den 1950er bis 1970er Jahren haben ihren Sitz in Gießen. Vom Gießener Bahnhof gibt es auch regelmäßig Ausfahrten mit den historischen Schienenbussen auf der Lumdatal-Bahnstrecke bis nach Mainzlar und zurück. Immer wieder an Pfingsten werden die Tore zum Vereinsgelände an der Lahnstraße geöffnet und man kann die historischen Fahrzeuge wie Schienenbusse, einen Turmtriebwagen, den S-Bahntriebwagen 420 298, die 216 221 und Kleinloks besichtigen.

Gefunden haben sich die Eisenbahnfreunde 1993. Damals neigte sich die Schienenbus-Ära im Betriebswerk Gießen dem Ende zu. Bereits 1994 wurden zwei Sonderfahrten auf der Strecke Hungen-Laubach von den Schienenbus-Enthusiasten organisiert und durchgeführt, noch im selben Jahr der Verein „Oberhessische Eisenbahnfreunde e. V." gegründet. Ziel war und ist es, selbst Schienenbusse zu unterhalten und damit Sonderfahrten in der Region für Nostalgiker zu veranstalten. 1996 war es dann soweit: Der Verein erwarb insgesamt acht Schienenbusse, setzte diese Instand und seit 1. Juni 1997 finden Ausfahrten mit den vereinseigenen Zügen statt.

Das Programm umfasst von Kurzstreckenpendelfahrten anlässlich verschiedener Feste rund um Gießen bis zu Drei-Tages-Fahrten in den Harz oder nach Luxemburg nahezu alles, was auf Schienen möglich ist. Neben wiederkehrenden Zielen und saisonalen Gelegenheiten, wie Nikolausfahrten, Weihnachtskreuzfahrten oder „Rhein in Flammen" werden jedes Jahr neue Ziele wie Burg Frankenstein zum Halloween-Fest angesteuert. Charterfahrten für Firmen, Vereine oder Privatpersonen sind ebenso möglich wie die Geburtstagsfeier auf Schienen oder der Zubringerverkehr zu Theateraufführungen. Alle Möglichkeiten und Termine findet man auf der Homepage!

---

Lahnstraße 229, Gießen, Fahrkartenbestellung 06041 3999696, www.oef-online.de

# 16 Elefantenklo
## Gießens skurrilstes Wahrzeichen

Bereits während meiner Schulzeit in Gießen – fragen Sie bitte nicht, wie lange das schon her ist – war die Straßenüberführung am Anfang des Selterswegs auf dem täglichen Schulweg ein seltsames Gebilde. Einst hatte hier ein einfacher Kreisel den Straßenverkehr geleitet, aber seit 1968 ragt die monumentale Fußgängerplattform am Selterstor über die Kreuzung von Anlagenring und Frankfurter Straße. In die mündet auch der Seltersweg, die Gießener Einkaufsmeile.

Bereits bei der Einweihung am 28. September 1968 entrollten die Mitglieder der studentischen Vereinigung „Akademischer Micky Maus Club" ein Transparent mit der Aufschrift „Elefantenklo". , unter dem das Bauwerk mittlerweile überregionale Bekanntheit erlangte. Aus der Kuriosität wurde Kult. In Gießen gab es sogar bis vor einigen Jahren ein linkes Stadtmagazin mit dem Namen „Elefantenklo". Im Laufe der Jahre wurde auch schon mehrfach überlegt, das gesamte Bauwerk mit einer Glaskuppel zu überdachen und ein Café darunter zu betreiben. Bisher sind das allerdings nur „Luftschlösser".

Treppauf, treppab - tausende Menschen überqueren die Überführung mit den drei überdimensionalen Löchern jeden Tag. Zigtausend Autos fahren darunter hindurch. Die drei charakteristischen achteckigen Aussparungen sollen auf einen Engpass in der Berechnung der benötigten Betonmasse zurückzuführen sein, wird in der Stadt kolportiert. Was ist Dichtung, was ist Wahrheit? Auf jeden Fall haben Fußgänger von oben freien Blick auf die unten durchfahrenden Autos, LKWs, Mopeds und heulende Rettungswagen. Autofahrer hingegen müssen nicht durch einen dunklen Tunnel fahren – wahrscheinlich war das alles so geplant und der zu knapp berechnete Beton ist nur Stadtgeflüster.

Seltersweg/ Frankfurter Straße, 35390 Gießen

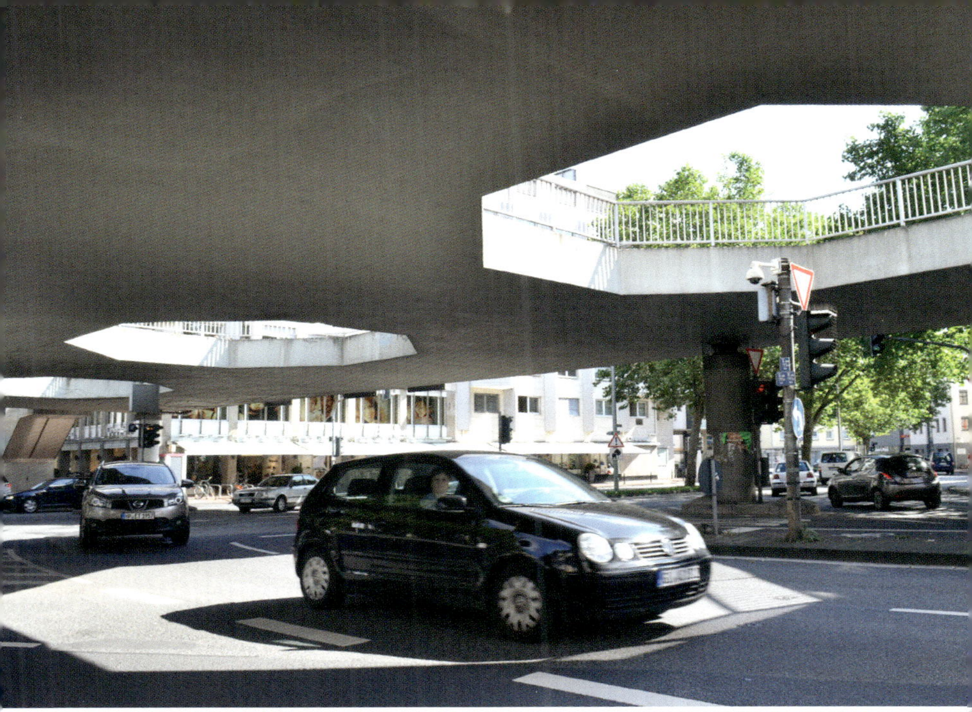

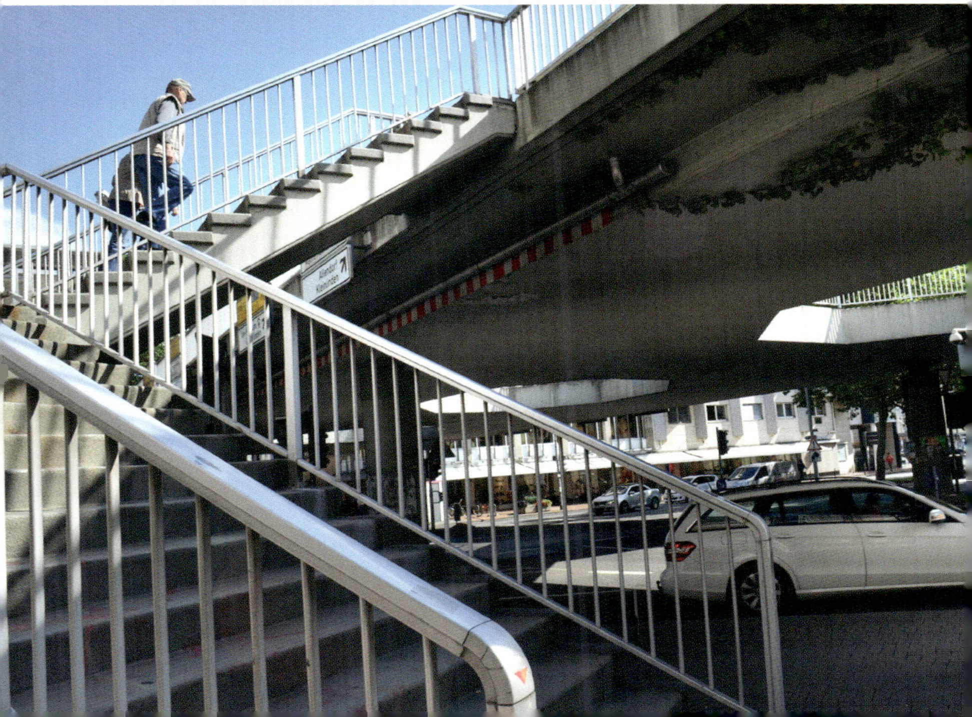

# 17 Engel-Apotheke
## Der direkte Draht nach oben

Ein goldener Engel schwebt scheinbar schwerelos und losgelöst von allem Irdischen über dem Markt- und Kirchenplatz. Er ziert die Apotheke Zum Engel, die bereits 1650 als Universitätsapotheke im Auftrag der „Ludovica" von Phillip Giesswein gegründet wurde. Sie ist damit eine der ältesten Apotheken Hessens. 1899-1921 leitete Theodor Schwieder das Geschäft und verlegte die Apotheke in den schmucken, vom Engel gekrönten Neubau am Markt, der sie 40 Jahre lang beherbergte. Mitten in der Inflationszeit gab Schwieder die Apotheke ab.

Von 1924 bis 1955 war August Habrich Sen. der Inhaber. Er gliederte eine Fabrik für Human- und Tierarzneimittel an und tat alles, um den Ruhm der bald 300-jährigen Apotheke zu mehren. Durch den Luftangriff am 6. Dezember 1944 wurde mit dem gesamten alten Stadtkern Gießens auch die Apotheke zerstört. Er fand sich mit der Zerstörung trotz schwerem Verlusts und hinzukommender körperlicher Beschwerden nicht

ab. Im Schuchardschen Haus im Seltersweg wurde unter dem Namen „Engel-Apotheke" eine Notapotheke eröffnet, die 1952 als „Stadt-Apotheke" zur Vollapotheke umgewandelt wurde.

Der älteste Sohn Habrichs, ebenfalls Apotheker, schaltet sich nach dem Tode seines Vaters 1955 in die Neuplanung der Engel-Apotheke ein und übernahm sie am 01.Oktober 1955 als Besitzer. Nach Abschluss der Baumaßnahmen wurde die neuentstandene Engel Apotheke im Juni 1956 wiedereröffnet. Auch der goldene Engel, der einst ein volkstümliches Wahrzeichen der Stadt gewesen ist, wurde in schöner Handwerkskunst neu gestaltet und schmückt in voller Größe wieder den Bau.

Marktplatz 8, 35390 Giessen, Tel: 0641 33366, www.engel-apo-giessen.de

# 18 Gießkannenmuseum
## Volle Kanne!

1000 (!) Gießkannen gibt es hier zu sehen: vom Modell „Prilblumen-Emsa", Kategorie Plastik, in Rot mit grünen Blümchen und immerhin bereits 30 bis 40 Jahre alt bis zum Modell „Anna & Marie", Kategorie Metall/ Draußen in Meeresblau mit Tintenfischen und anderen Meeresgetier „designt". Die Stifterinnen Anna und Marie Baaske waren nach einem Besuch im Gießkannenmuseum so begeistert, dass sie beschlossen, eine Gießkanne für das Museum zu gestalten. Ausgewählt haben sie die erste gemeinsame Gießkanne der Eltern, die 12 bis 13 Jahre alt ist. Im Museum abgegeben wurde die Kanne von der kompletten Familie am 13. Hochzeitstag der Eltern.

Unter den vielen Exponaten ist auch ein dekoratives Gießkannenobjekt, das Modell „Wiener Mobile", zu finden. Stifter sind Agnes und Rüdiger Schmid-Pfahler. Die haben das Objekt, bestehend aus acht kleinen Gießkännchen und Eimerchen, im April 2014 auf dem Ostermarkt in Wien eigens für das Museum erworben und im Rahmen der Rollrasenexpedition, u.a. im GiKaMu, gespendet. Das kupferfarbene Modell „Sammlung Hofmann 6", Kategorie Drinnen/Metall, stammt aus einer umfangreichen Gießkannenkollektion, die Jochen Hofmann zusammen mit 18 weiteren Messing- und Kupferkännchen sowie 14 Keramik-Gießkannen – allesamt aus dem Nachlass seiner verstorbenen Mutter – gespendet hat.

Im Gießener Gießkannenmuseum steht der große Formenreichtum des trivialen Gießgefäßes im Mittelpunkt der Sammlung. Aus Metall, Plastik oder Keramik, in figürliche Formen gepresst oder auf nostalgisch getrimmt, als schicker Design-Gegenstand oder banaler Gartenbedarfsartikel, für drinnen oder draußen, Kinder oder Hobbygärtner – die Gießkanne ist ein Nutzgegenstand, bei dem die Funktion mit unterschiedlichsten Formen verbunden ist. Beteiligen an der Sammlung kann sich jeder, der eine Gießkanne stiften möchte.

---

Galerie Neustädter Tor, Neustadt 28, Gießen, Telefon 0641/3062028, Ö: Fr/Sa 15 bis 18 Uhr, www.giesskannenmuseum.de.

# 19 Gutburgerlich
## Mann, sind die Burger lecker!

11.45 Uhr – die ersten Gäste scharren bereits ungeduldig mit den Hufen vor Gießens angesagtem Szeneladen für handgemachte Burger aus Bio-Fleisch und ebensolchen Zutaten. „Frisch, regional, würzig, herb, verspielt, extravagant, mild, pikant, liebevoll, aromatisch - das ist Gutburgerlich" – so lautet die Eigenwerbung der Jungunternehmer. Und das kann ich nach dem Test nur betätigen. Auf den Punkt gebratenes Beef-Pattie, perfekt angebratene Zwiebel, eine Scheibe Käse, knackiger Salat, würzige Gurken und köstliche Burger-Sauce – fertig ist der Cheeseburger de luxe. Für 9,50 Euro gibt's noch eine prickelnde Apfelschorle der Kultmarkt Fritz dazu. Perfekt!

Fast Food ist anders, meinen Minas Adis und Dominic Büttner. Deswegen werden immer wieder neue Burger mit immer neuen Zutaten ausprobiert und getestet. Deswegen gehen die beiden auch auf den Markt, zum Bäcker, zum Fleischer, zum Gemüse- und Geflügelhändler. Immer auf der Suche nach neuen Zutaten – am liebsten aus der Region. Die Lieferanten kennenzulernen, ist ihnen genauso wichtig wie eine gute und enge Zusammenarbeit.

Die Fleischklopse liefert die Metzgerei Zach aus Gießen. Frisch gewolft aus Nacken, Hals und Schulter steht das Rindfleisch einem guten Steak in nichts nach. Das perfekte Brötchen ist ebenso wichtig wie alle anderen Zutaten. Darum wurden die Brötchen eigens von der Bäckerei Lambertz für die Burger kreiert. Gemüse und Salat beziehen die Burger-Meister so lange es die Saison zulässt vom Gießener Wochenmarkt oder über einen Händler des Vertrauens. Ketchup und Chiliketchup werden nach eigenem Rezept hergestellt. Und was ist das Wichtigste neben einem Burger? Richtig! Die Fritten! Auch die werden bei Gutburgerlich vom Koch aus der ganzen Knolle geschnitzt und nur mit Meersalz und Rosmarin gewürzt.

Bahnhofstraße 22, 35390 Gießen, Telefon 0641 2097059, Ö: täglich 12-22 Uhr, So Ruhetag, www.gutburgerlich.de

# 20 HessBar
## Köstlich hessisch!

Von der Costa de la Luz an die Lahn, von Gijón nach Gießen – in Zeiten der Globalisierung lösen sich kulinarische Grenzen auf und die Esskulturen wachsen zusammen. „Was liegt also näher, als die Tapaskultur auch in Hessen zu etablieren", fragten sich Daniel Kühn, Volker Thiele und Arik Lorisch. Gemeinsames Ziel: ein Lokal mit guter deutscher Küche zu eröffnen. In der kreativen Findungsphase war schnell die Idee für eine hessische Tapasbar geboren. So werden in der Hessbar – mittlerweile unter alleiniger Regie von Arik Lorisch - kleine hessische Gaumenfreuden als Tapas, herzhafte Hauptgerichte und die korrespondierenden Getränke serviert.

Traditionelles wie Handkäs´ wird als sommerlicher Handkäs´-Salat mit Äpfeln zubereitet. Statt Estofado gibt's Gulasch vom hessischen Weiderind mit Bauernbrot und die klassische Tortilla ist hier ein Kartoffel-Hackfleischauflauf. Kreative Kompositionen wie „Apfelscheibe auf Pumpernickel und Ziegenkäse, mit Sommerblüten-Honig grati-

niert", ergänzen die Hessen-Tapas.

Wissen Sie was ein Bellschuh ist? In der Hessbar können Sie dieses typische Gießener Gericht, nämlich einen Hackfleischklops mit Zwiebelsauce und Bauernbrot oder offiziell „Deutsches Beefsteak" probieren. „Ein gutes Essen wird mit dem passenden Getränk erst perfekt", sagt Arik Lorsich. Deswegen bietet die Getränkekarte neben der klassischen Auswahl auch einige Raritäten wie etwa die fantastischen Apfelweine und –Süßweine nach Sherry Art von Jürgen Krenzer aus der Rhön oder edle „Stöffchen" der Kelterei Apfel + Wein aus Ober-Josbach, sowie das in einer kleinen südhessischen Brauerei gebraute Kelten-Lager oder den mittlerweile bereits legendären „hessischen Tequila" an. Statt einer Zitrone vorweg, gibt's eine Scheibe „Ahle Worscht" danach. Zuerst wird Senf statt Salz vom Handrücken geschleckt, dann Korn statt Tequila gekippt. Prost!

---

HessBar, Frankfurter Straße 81, 35392 Gießen, Telefon 0641/98450857, warme Küche: Di-So 12-14 Uhr und 17-22 Uhr. So Brunch 10.30 bis 14 Uhr. www.hessbar-giessen.de

# 21 Restaurant Heyligenstaedt
## Die neue Gießener Ess-Klasse

Das Backstein-Ensemble der Maschinenfabrik Heyligenstaedt ist ein Juwel der Industriearchitektur. Nach der behutsamen Sanierung der großen ehemaligen Produktionshalle, erbaut 1869, sind die alten Deckenbalken, Stahlträger und viel Backstein erhalten geblieben. Dunkler Holzfußboden, bodentiefe Fenster, separater Bar- und Lounge-Bereich, modere Kunst an den Wänden, an großkrempige Hüte erinnernde Leuchten an der Decke und dezente Raumteiler – so wirkt das Restaurant Heyligenstaedt nun großzügig, hell und einladend heimelig zugleich.

In der Küche führt Markus Leidner Regie. Seinen Beruf hat er im Anneröder Mühlchen gelernt und nach seiner Ausbildung in namhaften Sternerestaurants wie Vila Vita in Marburg, L'école in Bad Laasphe und im Tandreas in Gießen gearbeitet. Bei seiner letzten Station lernte er auch seine heutige Lebensgefährtin und Geschäftspartnerin Bettina Kuhl, eine gelernte Restaurant- und Hotelfachfrau, kennen und lieben. Das Angebot, das geplante Restaurant und Hotel Heyligenstaedt zu führen, war die Chance für beide, eigene Ideen umzusetzen und ihrer Kreativität freien Lauf zu lassen.

Carpaccio vom Schwertfisch trifft Irisches Lammkarree, Tatar vom Taschenkrebs trifft US-Omaha Nebraska Rinderfilet, Variationen von der Tomate treffen auf Ricotta-Gnocchi Porto Bello – Spitzenkoch Markus Leidner setzt in seinem Restaurant innovative kulinarische Akzente. Studiert man die Karte, fällt eine gewisse Affinität zur italienischen und mediterranen Küche auf. Kein Wunder. Markus Leidner stammt aus einer venezianischen Eisdielen-Dynastie, hat sich aber bei der Berufswahl für die Küche entschieden. „Was Oma gekocht hat, diesen wunderbaren Geschmack, habe ich noch immer auf der Zunge", gesteht er lächelnd.

---

Aulweg 41, 35392 Gießen, Telefon 0641 4609650,
www.restaurant-heyligenstaedt.de

# 22 Karzer
## Lustiger Studenten-Knast

In den Karzer wurde gesperrt, wer beispielsweise gegen die guten Sitten verstieß, Vorlesungen schwänzte oder die Ruhe an der Alma Mater störte. Alle Studenten unterlagen bis ins frühe 20. Jahrhundert der Gerichtsbarkeit der Universität und die hatte viel damit zu tun, die als arge Raufbolde geltenden Gießener Studenten, im Zaum zu halten.

Bis in die 1930er Jahre galt es als Ehrensache unter den Studenten, mindestens einmal im Karzer eingesessen zu haben. Verpflegung war nicht inklusive und Besuche erlaubt, ausgedehnte Trinkgelage die Folge. So bot der Gießener Karzer die Vorlage zu der Schulhumoreske „Der Besuch im Carcer", 1876 von dem in Gießen geborenen Schriftsteller Ernst Eckstein verfasst. Hartnäckig hält sich auch das Gerücht, dass das Werk sogar in das Drehbuch zum Film „Die Feuerzangenbowle" eingeflossen sei.

Wurde ohne Handy die Zeit trotzdem lang, gehörte es zum guten Ton, sich mit Messer oder Stift an die meist sehr kunstreiche und pfiffige „Ausgestaltung" des Karzers zu machen. Man könnte auch sagen, dass hier mit die ersten Comics entstanden. Denn das universitäre und politische Leben wurde zeichnerisch ordentlich auf die Schippe genommen. Wer auf frischer Tat ertappt wurde, musste für die Beseitigung seiner „Hinterlassenschaften" aufkommen. Die Kunst für den Arrestanten bestand darin, eben das durch einfallsreiche Ablenkungsmanöver beim Verlassen der Arrestzelle zu vermeiden, dann blieben die kleinen Kunstwerke dort und auch für Nachwelt erhalten.

Der Karzer der 1607 von Landgraf Ludwig V. von Hessen Darmstadt gegründete kleinen, protestantische Landesuniversität „Ludovica" ist das einzige noch erhaltene Gebäude aus der Gründungszeit der Universität, kann aber nur noch von außen besichtigen werden. Alle erhaltenen Karzer wie in Marburg, Heidelberg oder Tübingen sind Kulturdenkmale und stehen unter Denkmalschutz.

---

Gießen, Innenstadt, Senckenbergstraße 3, Führungen und Info: Tourist-Information Gießen, Tel. (0641) 306 1890

# 23 Neuer Kunstverein Gießen
## Kunst im Wasserhäuschen

Der Ausstellungsraum des Neuen Gießener Kunstvereins in einem ehemaligen Wasserhäuschen an der Licher Gabel (Licher Straße – Ecke Nahrungsberg), einer der lautesten und am meisten befahrenen Kreuzungen Gießens, dürfte mit einer Ausstellungsfläche von 8,5 Quadratmetern einer der kleinsten und originellsten deutschlandweit sein. Dabei sagt die Größe der Fläche nichts über die Qualität der gezeigten Werke aus! Ausstellungen von Fotografie, Grafik, Malerei und Objekten bis Installationen – von jungen Absolventen und national bekannten Künstlern – zeigt der Neue Kunstverein Gießen seit 2003 in dem trutzig anmutenden, solide gemauerten Pavillon.

Der Kiosk wurde 1937 nach Plänen von Wilhelm Gravert „als Kiosk-Toiletten- und Umspannanlage" am Rand des Alten Gießener Friedhofs erbaut und nach dem Krieg als „Wasserhäuschen", formalkorrekt Trinkhalle oder freundlich Büdchen genannt, genutzt. In der abendrettende, kühlschrankfüllende Erste- und Letzte-Hilfe-Station gab es das typische Sortiment von Bier bis Limo, von Zigaretten bis Süßigkeiten, von Hundefutter bis zum Frühstücksei. Zuletzt war hier „Max hat´s" ansässig und die Ecke rund um den Kiosk entwickelte sich zu einem belebten Platz und Treffpunkt vor allem für junge Leute und Studenten und andere junge Leute.

Nicht die Größe ist das Pfund, mit dem der Gießener Kunstverein und die Ausstellungsmacher wuchern können, es sind vielmehr der kulturhistorische Kontext und die Lage. Hier treffen sich seit 2003 kunstinteressierte Menschen und solche, die es werden wollen. Studenten und Professoren, Gießener und ihre Gäste, Künstler und Ausstellungsbesucher. Erstaunlich ist, wie viele Menschen hier drin und draußen bei Ausstellungen, Musik oder Performances - neben der Kunst - ein Plätzchen finden.

---

Neuer Kunstverein Gießen e.V., Kunst-Kiosk an der Ecke Licher Straße/ Nahrungsberg, 35394 Gießen, Ö: Sa 14–17 Uhr u. n. V., Telefon 0641 2509444 und 0174 342 99 66, www.kunstverein-giessen.de

# 24 Lahnfenster Hessen
## Nur, wo Lahnfenster draufsteht, ist auch Lahn drin

An einem lauschigen Plätzchen des Lahnufers wurde 2014 anlässlich der Bundesgartenschau mit Beteiligung des Landes Hessen das „Lahnfenster" mit modernem Pavillon und jederzeit zugänglichen Aussichtsplattform eröffnet. Drin gewähren drei Panoramafenster Einblicke in drei Lebensbereich der Unterwasserwelt: den Mühlgraben, direkt in die Lahn und ins Flachwasser des Flusses.

Wanderfischarten wie Bachforellen, Rotaugen, Barben, Karpfen & Co. haben es heutzutage schwer, in deutschen Flüssen ungehindert ihre angestammten Laichgebiete zu erreichen. Technische Anlagen versperren oft den Weg. So auch am Wehr der Klinkel´schen Mühle. Einst Mühle, dient die in ein modernes Wohn- und Bürohaus umgebaute Anlage heute der Stromerzeugung. Das vor dem Wehr aufgestaute Wasser wird durch den Mühlgraben abgezweigt und treibt eine Turbine an. Damit die Flussbewohner ihre Reise fortsetzen können wurde bereits 2007 eine Fischtreppe gebaut.

Angelockt von der stärkeren Strömung des Mühlgrabens wandern die Fische in den technischen Teil der Anlage. Serpentinenartig gestaltet, überbrückt die Aufstiegshilfe „Fischtreppe" auf engstem Raum den Höhenunterschied der Staustufe von 2,30 Metern. So gelangen die Fische, manche brauchen immerhin zwei Tage, um das Hindernis zu überwinden, in den oberen Teil der Lahn.

Zuvor passieren sie jedoch das sogenannte Lahnfenster. Durch die Panoramascheiben kann man mit etwas Glück Jung-Fische im Flachwasser, Fische auf ihrem Weg durch den Mühlgraben oder direkt in ihrem Lebensraum Lahn betrachten. Beste Beobachtungszeiten: zwischen März und Juni sowie Mitte August bis Anfang Oktober. Außerdem gibt es im Lahnfenster jede Menge zusätzliche Informationen über heimisch Fische und den komplexen Lebensraum Fluss.

---

Zu den Mühlen 19, 35396 Gießen, Ö: März bis Oktober Fr/ Sa 15-18 Uhr, während der Schulferien täglich.
Weitere Informationen und Ansprechpartner: Regierungspräsidium Gießen - Obere Fischereibehörde, Telefon 0641 3035565

# 25 Liebigmuseum
## Hier stimmt die Chemie

An einen griechischen Tempel erinnern die Fassaden des Justus-Liebig-Museums. Hier ist – trotz teilweiser Zerstörung im Zweiten Weltkrieg – beinahe unverändert das Labor des Chemikers und Erfinders Justus von Liebig erhalten geblieben. Das Liebig-Museum zählt zu den zehn wichtigsten Museen für die Geschichte der Chemie und wurde in das Programm „Historische Stätten der Chemie" aufgenommen.

Justus von Liebig fand den Begriff der mehrwertigen Säure und veröffentlichte seine Erkenntnisse über die Chemie der pflanzlichen und tierischen Ernährung, welche zu seiner Zeit im krassen Widerspruch zur gängigen Lehrmeinung stand und revolutionierte den Landbau. Durch ihn wurde die Chemie im deutschen Sprachraum in den Rang einer exakten Naturwissenschaft erhoben. Liebig war aber auch ein genialer Erfinden. Neben dem Fleischextrakt „erfand" er die phosphorfreie Zündmasse für Streichhölzer oder die Erbswurst-Suppe – um nur einige Beispiele zu nennen.

Wenn es eine Geburtsstätte der modernen Chemie gibt, dann ist es das Labor Liebigs – diese alte Hexenküche, in der der begnadete Forscher u.a. die Theorie der organischen Säuren entwickelte.

Im historischen Labor mit zentraler Herdplatte riecht es noch heute so, als habe der Chemiker nur mal eben den Raum verlassen. Laugen, Säuren und Salze werden in unterschiedlichsten Gefäßen aufbewahrt. Zur Ausstattung gehören zudem die zahlreiche Gerätschaften, darunter der ebenfalls von Liebig konstruierten Silberspiegel, oder sein Laborschrank.

Waagenzimmer, Magazin, ehemalige Waschküche der Familie Liebig, ehemaliges Schreibzimmer und Privatlabor dienen heute als Ausstellungsräume und geben umfassende Einblicke in das Leben des Naturwissenschaftlers.

---

Liebigstraße 12, 35390 Gießen, Telefon 0641/76392, Ö: Di-So 10 - 16 Uhr, www.liebig-museum.de

# 26 Mann im Turm
## Der ewige Student

Den Blick in die Ferne gerichtet steht der „Mann im Turm" auf einem siebeneinhalb Meter hohen Podest vor der großen Mensa des Philosophikums und sieht tagein, tagaus auf die Scharen hungriger Studenten herab, die sich vor oder nach den Vorlesungen in die Uni-Kantine begeben. Aber aufgepasst, mit dem Mann im Turm ist nicht zu spaßen! Denn jede Studentin und jeder Student, der unter dem Objekt, geschaffen von dem international renommierten Bildhauer und Künstler Stephan Balkenhohl, hindurch geht, läuft Gefahr, sein Studium nicht abzuschließen. So jedenfalls die Legende, die sich um den „Mann im Turm", auch der ewige Student genannt, rankt.

Die Holzfigur steht seit 1992 vor der Mensa und gehört zum Gießener Kunstweg, der das Philosophikum I und II auf dem Campus der Justus-Liebig-Universität verbindet. 1982 eingerichtet und seither ständig fortgeführt, sind mittlerweile 15 Skulpturen und Kunstwerke international tätiger Künstler wie das „Objekt Gießen" von Per Kirkeby auf dem Weg zu sehen. Gottfried Boehm, damals Professor für Kunstgeschichte an der Gießener Universität, hatte dieses Projekt initiiert und der hessische „Sonderbaufonds zur künstlerischen Gestaltung und Ausstattung von Gebäuden und Anlagen des Landes" übernahm die Finanzierung.

Hochkarätig bestückt hat der Gießener Kunstweg mittlerweile internationales Renommee. Von den 15 Kunstwerken sind 13 im Freien aufgestellt und machen ihre Beziehung zu Architektur und Landschaft erfahr- und erlebbar. Die anderen beiden befinden sich in der Universitätsbibliothek. Die TiL-Studiobühne zeigte sogar schon in Zusammenarbeit mit der Hessischen Theaterakademie ein Stück mit dem Titel „Der Mann im Turm oder das Geheimnis der Zeit".

---

Campus der Justus-Liebig-Universität Gießen zwischen den Bereichen Philosophikum I und Philosophikum II und führt von der neuen Mensa (Otto-Behaghel-Straße) zum Haus C am Philosophikum II (Karl-Glöckner-Straße)

# 27 Mathematikum
## Mathematik mit allen Sinnen erleben

Wie lang muss ein Gürtel sein, damit er um den Bauch passt? Und wie viele Menschen braucht man, um einen Baumstamm zu umarmen? Bei Fragen wie diesen hilft eine besondere Zahl: Pi, die in der Pi-Spirale erläutert wird. Andere Exponate wie die „Große Kugelmaschine" kommen klingelnd und scheppernd wie ein Kunstwerk von Tinguely daher. Die Seifenblasenmaschine erzeugt überdimensionierte Seifenblasen. Der Spiegeltrichter zeigt viele verzerrte Ansichten des Betrachters. Mit 150 Exponaten und Experimenten für alle Sinne öffnet das Mathematikum, das erste mathematische Mitmachmuseum der Welt, auf rund 1200 Quadratmetern Ausstellungsfläche für große und kleine Besucher neue Türen zur Mathematik. Auch für alle, bei denen der Satz des Pythagoras nicht immer aufgeht.

Im hell und großzügig gestalteten Mathematikum wird auf drei Etagen die Wissenschaft der Zahlen auf spielerische Weise erfahrbar – egal, ob man sich an geometrischen Puzzles den Kopf zerbricht, Kugelwettrennen veranstaltet oder an sich selbst den goldenen Schnitt entdeckt. Hilfsgeräte vom Kerbholz und Rechenschieber bis zum elektronischen Rechner werden ebenso gezeigt. Schulklassen bekommen so einen sinnlichen Zugang zu mathematischen Phänomenen und Familien können im Mathematikum einen spannenden Tag erleben.

Der Grundstein zum Gießener Mathematikum wurde 1993 im Seminar „Geometrische Modelle" für Lehramtsstudenten von Professor Beutelspacher an der Justus-Liebig-Universität Gießen gelegt. 2002 begannen die Bauarbeiten und bereits zum Ende desselben Jahres konnte mit 50 Exponaten, alle in der hauseigenen Werkstatt gefertigt, eröffnet werden. Die Eröffnung des Obergeschosses mit der Großen Kugelbahn folgte 2003, die des Mini-Mathemaikums 2009. Hier können nun die Vier- bis Achtjährigen mit speziell für sie entwickelten Experimenten erste mathematische Erfahrungen machen.

Liebigstraße 8, 35390 Gießen, Telefon 0641/9697970, Ö: Mo-Fr 9-18, Wochenende und Feiertag 10-19 Uhr, www.mathematikum.de

# 28 MyKolter
## Schmusedecke (nicht nur) für Hessen

Kennen Sie noch einen Kolter? Ech te Hessen wissen, dass das eine Kuschel-Decke ist, die früher in jeder Wohnstube auf dem Sofa lag, in die man sich an kalten Tagen – damals noch ohne Zentralheizung – wohlig einschmiegte. Christoph Seipp, gebürtiger Licher, kurzfristiger Fuldaer, Wahl-Gießener und Geschäftsreisender, gründete im Jahr 2013 das Projekt „MyKolter". „Ein Kolter über den Beinen und Du fühlst Dich zuhause – egal wo", sagt er und möchte den Kolter als Produkt, aber auch den Begriff selbst bewahren und damit ein Stück hessische Kultur und Tradition pflegen.

Denn nicht nur bei der Begrifflichkeit stößt man an Grenzen. „Gehen Sie mal in München oder Berlin in ein Geschäft und fragen nach einem Kolter. Keine Chance!" So kam ihm die Idee für „My Kolter". Mit der Vision „Deutschland sagt Kolter zu Kolter – denn so heißt es richtig!" startet der traditionsbewusst Hesse. Über eine Crowd-Founding-Plattform im Internet fand er die ersten 100 Menschen, die ihn dabei unterstützen, den ersten echten Kolter produzieren zu lassen – in einer limitierten Auflage von 150 Stück.

Mittlerweile kann man sich einen Kolter nach eigenen Entwürfen designen lassen oder ein Städte-Kolter kaufen. Die gibt es bereits für Frankfurt, Wiesbaden, Bad Homburg, Gießen, Lich, Wetzlar, Marburg, Wettenberg, Grünberg, Laubach, Dillenburg, Weilburg und Braunfels.

Den Gießen-Kolter gibt's in zwei Varianten: einer wird von der „Skyline" mit sehenswerten Bauwerken, der andere von den stadtbekannten „Schwätzern" geziert. An dem Projekt ist außerdem die Solmserin Lea Weber beteiligt, die die jeweiligen Städtemotive liebevoll und möglichst detailliert zeichnet, bevor sie in den Stoff eingewebt werden. Übrigens: Ein Kolter ist auch ein originelles Geschenk für Exil-Hessen, die ein Stück Heimat auf der Couch haben sollen.

---

Den Kolter gibt es für 69,90 Euro in der Tourist-Information Gießen oder bei Möbel Hahn in Gießen. www.mykolter.de

# 29 Oberhessisches Museum
## Aller guten Dinge sind drei

Das Oberhessische Museum zeigt im Alten Schloss am Brandplatz und seinen beiden Dependancen drei unterschiedliche Sammlungsschwerpunkte: Kunsthandwerk und Malerei im Alten Schloss, Archäologie und Völkerkunde im Wallenfels'schen Haus sowie Gießener Stadtgeschichte im Leib'schen Haus. Alle drei Ausstellungsorte sind über die „Museumsachse Schlossgasse" in wenigen Minuten gut zu Fuß erreichbar.

Das Alte Schloss wurde im 14. Jahrhundert im Rahmen des Ausbaus der mittelalterlichen Stadtbefestigung erbaut. Als Museum wird es seit 1893 genutzt. Im Zweiten Weltkrieg fielen Museum und Sammlung in Schutt und Asche. Erst seit 1980 ist die Kunst mit Gemäldegalerie – vom Barock über Jugendstil bis zur Moderne – und der Abteilung Kunsthandwerk hier wieder zu Hause. Auf die hessische Malerei des 19. und frühen 20. Jahrhunderts wird ein besonderes Augenmerk gelegt. Das „muSEHum" ist die museumspädagogische Einrichtung des OHM. Hier wird Kunst für Kinder durch Angebote wie Antike Vasenmalerei, kreative Schnitzeljagden bis zu Malkursen sinnlich erlebbar. Ebenso sollen Wahrnehmung und Kreativität der jungen Besucher gefördert werden.

Im Wallenfels'schen Haus wird seit 1987 die Geschichte von der Steinzeit bis ins frühe Mittelalter lebendig. Besonders reizvoll ist dabei der Vergleich dieser Kulturstufen mit den antiken Kulturen aus Troja, Etrurien bis zum Römischen Reich, der dank der Leihgaben des Archäologischen Instituts der Universität Gießen möglich ist. Mein persönliches Highlight: die Tibet-Sammlung, gestiftet von Heinz Beer, mit Buddha-Figuren, Kultgegenständen und einem wunderschönen Mandala, das vor Ort von tibetischen Mönchen gefertigt wurde. Im Leib'schen Haus, 1350 erbaut und damit eines der ältesten Fachwerkhäuser Hessens, steht die Gießener Stadtgeschichte im Fokus der Ausstellung.

---

Oberhessisches Museum im Alten Schloss, Brandplatz 2, 35390 Gießen, Telefon 0641 96097316, www.giessen.de; Wallenfels'sches Haus, Kirchplatz 6; Leib'sches Haus, Georg-Schlosser-Straße 2, Ö: an allen drei Standorten Di–So 10–16 Uhr.

# 30 Quellgarten
## Der etwas andere Garten

Beinahe duckt er sich weg, der schöne, 720 Quadratmeter große Quellgarten zwischen Ringallee, benachbarter Kleingartenanlage, Wieseck-Aue und Neuem Teich. Anlässlich der Bundesgartenschau ist jedoch ein attraktiver und origineller Senkgarten entstanden, der seine Ursprünge in den barocken Anlagen Frankreichs und Italiens hat. In England war der „sunken garden" im späten 19. Jahrhundert modern, um Duftpflanzen und grünen Raritäten einen spektakulären Rahmen zu geben.

Ein Senkgarten hat viele Vorteile: Durch das Tieferlegen ist er geschützt, bietet Wind- und Frostschutz für empfindliche Pflanzen und Besuchern ein angenehmes Kleinklima. Hier gedeihen nun Silber-Weiden, Stauden und Gräser sowie im jahreszeitlichen Wechsel Narzissen, Blutweiderich oder die Feuerwerks-Goldrute und Rasenschmiele.

Noch heute sind Senkgärten eher eine Seltenheit, die zum Staunen Anlass geben. In den Gießener Quellgarten steigt man über zwei breite Treppen etwa zwei Meter hinab. Ein Bächlein rinnt über das Kiesbett, zahlreiche Büsche, Blumen und kleine Bäume säumen das Wasser, eingefasst ist der Senkgarten von Cortenstahlblech, das bereits charmante Patina angelegt hat. „Wer zur Quelle will, muss gegen den Strom schwimmen" – das Hermann Hesse-Zitat ziert die Stirnseite des Gartens.

Anders als beim klassischen Senkgarten wird der Quellgarten nicht von allen vier Seiten von Mauern gefasst, sondern ist zur Parkseite hin geöffnet. Der Garten und die beiderseits verlaufenden Wege führen mit kontinuierlichem Gefälle von der Ringallee bis auf das Niveau des Parks am Teichufer. Hier kann man auf einem der Steine oder einer Brücke sitzen, die Füße baden und die Seele baumeln lassen.

---

Ringallee 62, gegenüber der Theodor-Schlitt-Schule, 35390 Gießen.

# 31 Schlammbeißer-Denkmal
## Humor hat, wer auch über sich selbst lacht

In Bronze gegossen, steht der „Schlammbeißer" auf einem Sockel aus Beton. Auf dem Kopf trägt er eine Kappe, um den Hals ist ein Tuch gewickelt und in der Hand hält er den übermannsgroßen Stil eines Hakens, neben ihm steht ein Eimer. Der Nicht-Gießener mag einfach vorbeilaufen und die schlichte Figur übersehen oder sich fragen, ob das Schlammbeißer-Denkmal als Kunst im öffentlichen Raum taugt.

Das Denkmal ist für „Eingeborene" oder Zugereiste, die sich mit dem etwas spröden Charme der Universitätsstadt identifizieren, jedoch eine Hommage an die historische Stadtfigur des Gießener „Schlammbeißers"… und eine leicht ironische Selbstbezeichnung. Dazu muss man wissen, dass Gießen im feuchten Mündungsgebiet der Wieseck in die Lahn gegründet ist und die Entwässerungsgräben, als Gießen wuchs, auch zur Entsorgung von Unrat und Abwasser dienten.

Gängige Meinung ist, dass sich der Name Schlammbeißer vom „Schlemb-Eiser" ableitet, eine frühe Bezeichnung der Kanalarbeiter, die mit der Geschichte der Stadt Gießen eng verbunden sind. Die fischten nämlich mit ihren Schlemb-Eisen alle Hinterlassenschaften der Gießener aus den Kanälen sowie die Eimer unter den Aborten hervor, die bis vor gut 100 Jahren in Gießen oft außerhalb des Hauses angebracht waren, und entsorgten alles weit außerhalb der Stadt.

Auf Initiative von Axel Pfeffer, einem stadtbekannten Karnevalisten, und mit Hilfe von zahlreichen Spendern wurde 2005 eine Bronzefigur gegossen und zwischen Marktplatz und Kirchenplatz aufgestellt. Seither feiern die Gießener jährlich ihren Fluss und ihren „Schlammbeißer" mit einem großen Familienfest unter dem Namen „Schlammbeißers Lahnlust".

---

Zwischen Markt- und Kirchplatz, 35394 Gießen

GIESSENER
SCHLAMMBEISER

# 32 Die Schwätzer
## Klatsch und Tratsch auf dem Seltersweg

Lebensgroß stehen zwei Männer und eine Frau auf dem Seltersweg an der Ecke Plockstraße, offensichtlich ins Gespräch vertieft. Die Dame hat keck die Hand in die Hüften gestemmt, die Gesichter der beiden Männer zeugen von einem gewissen Engagement im Gespräch. Die drei Bronzefiguren gehören zu den bekanntesten Gießenern und sollen das entspannte Lebensgefühl in der mittelhessischen Universitätsstadt symbolisieren.

1983 wurden die „Drei Schätzer" mit großem Bahnhof enthüllt. Seither pflegen die Bürgerinnen, Bürger, Zugereiste, Studierende und Gäste der Stadt einen entspannten Umgang mit den Dreien. Sie bekommen schon mal Zigaretten in den Mund gesteckt, ein Mützchen aufgesetzt, Zeitungen oder Chipstüten unter die Arme geklemmt oder werden auch mal angepinselt. Aus Gießens sind sie nicht mehr wegzudenken.

Genauso wie sich das die Volksbank Mittelhessen gewünscht hat, als sie die Figuren anlässlich des 125-jährigen Bestehens der Genossenschaftsbank der Stadt und damit den Bürgern schenkte. Geschaffen wurden die Bronzefiguren vom Stuttgarter Künstler Professor Karl-Henning Seemann. Der Künstler wollte damit ein Stück Heimat darstellen, ein alltägliches Gespräch zwischen Bürgern beim Einkaufen in der Innenstadt.

Zwischen 1991 und 2011 widmete ihnen der Gießener Anzeiger sogar eine eigene Rubrik („Die Drei Schwätzer meinen heute"). Auf die Namen Mariechen, Waldemar und Justus getauft, kommentierten sie in Sprechblasen und kurzen Bildfolgen das aktuelle Stadtgeschehen.

---

Seltersweg/ Ecke Plockstraße, 35390 Gießen.

# 33 Skate-Lounge
## Spaß auf Rollen

Acid Drop, Freak out oder Wallie – alles böhmische Dörfer? Wenn ja, dann besuchen Sie einmal das „Department of Skateboarding Gießen". Das wurde 2003 von elf engagierten Skateboardern in der Universitätsstadt gegründet. Ziel des gemeinnützigen Vereins ist es, den Rollsportlern eine offizielle Plattform für die Ausübung ihres Sports zu bieten.

Mehr als 80 aktive Mitglieder üben in der Skateboard-Lounge ihre artistischen Sprünge und fliegen auf vier kleinen Polyurethankunststoff-Rollen und ihren Boards durch Quarterpipe, Funbox oder Pyramide – wie die verschiedenen Rampen und Hindernisse neudeutsch heißen. Für alle, die das Skaten lernen wollen, aber auch für Fortgeschrittene Rock'n'Roller werden Kurse angeboten.

Die Halle ist komfortabel ausgestattet: Die Streetfläche ist 400 Quadratmeter groß, komplett mit Holzboden ausgelegt und bietet Banks mit eingelassener Quarter- und Grindbox, 5er Treppe mit Rail, Ledges und Handicapped Ramp, große Quarter, Wallride, Funbox mit Handrail, Curbs, Kicker und Wheelie-Table. Die Miniramp ist sieben Meter breit und befindet sich in einer separaten Halle, die über die Streetfläche zu erreichen ist.

Die Skatehalle kann mit Skateboards und Inline Skates befahren werden. BMX und Dirt-Bikes dürfen hier nur montags gefahren werden. Voraussetzungen: Plastikpedale, Plastik-Pegs und geschlossene Lenkerenden.

---

Heegstrauchweg 60, 35394 Gießen, Ö: Mo 19.15-22, Di geschlossen, Mi 16-19, Do 19.15-22, Fr 16-19, Sa 14-17, So 15-18 Uhr, www.skatelounge.de

# 34 Späti-Kiosk
## Late night shopping

„Späti" heißt der abendrettende und kühlschrankfüllende Erste- und Letzte-Hilfe-Kasten der Stadt. Nach Ladenschluss eilen Studenten und Rentner, Polizisten und andere Nacht-Dienstler gleichermaßen hierher, um die Versorgungslücken mit jenen Waren zu füllen, die nach 22 Uhr besonders schmerzlich vermisst werden: ein paar Bier, ein Eis, eine Tafel Schokolade, Zeitschriften, Zigaretten oder eine Tüte Chips und eine Cola.

Was einer also nicht im Kopf hatte, das kann er im „Späti", das ist die Kurzform für Spätverkaufsstelle, die bis weit nach Mitternacht geöffnet ist, bekommen. Unschätzbar wertvolle Informationen wie Tratsch aus der Nachbarschaft oder Aktuelles aus der Tagespolitik gehören ebenfalls zum Sortiment. Schlendert man durch die Regale des Geschäfts, findet man aber auch von Sanitärartikeln wie Zahnbürsten und Klopapier über Fertiggerichte bis zu Backutensilien so ziemlich alles.

Zu übersehen ist der Gießener „Späti" nicht. Großflächige Graffiti in grellem Rot und Schriftzüge, die das Sortiment anpreisen, zieren die Wände des Flachbaus.

---

Dammstraße 15, 35390 Gießen, Telefon 01578 7272246,
Ö: Di–Do 18–3, Fr/Sa 18–5, So 15–24 Uhr

# 35 Stadttheater Gießen
## Wo Bretter die Welt bedeuten

Die Erbauung des Gießener Stadttheaters 1907 geht zurück auf eine Bürgerinitiative, die eine feste Theaterspielstätte forderte. Für das neue Theater spendeten Gießener Bürger zwei Drittel der Bausumme; folgerichtig steht noch heute über dem Portal geschrieben: „Ein Denkmal bürgerlichen Gemeinsinns".

Das Stadttheater Gießen ist eines von sechs großen, öffentlich geförderten Theatern in Hessen und als Mehrsparten-Haus mit überregionaler Ausstrahlung das kulturelle Zentrum in Mittelhessen. Es bietet ein vielfältiges Repertoire mit zeitgenössischem und klassischem Schauspiel, Musiktheater (Oper, Operette, Musical) und Tanztheater sowie Sinfonie- und Kammerkonzerten. Der vielseitige und abwechslungsreiche Spielplan, in dem bekannte und unbekannte Werke, Ausgrabungen und Neuentdeckungen, große Repertoirestücke und Uraufführungen nebeneinanderstehen, wird ergänzt durch Einführungsveranstaltungen und Nachgespräche zu einzelnen Produktionen, musikalische Matineen, Gesprächsrunden, Lesungen und vielem mehr. Seit 2002 wurde der Bereich des Kinder- und Jugendtheaters kontinuierlich ausgebaut, sodass es ganzjährig Inszenierungen für verschiedene Altersgruppen gibt.

Die Autoren der Fachzeitung „Die Deutsche Bühne" attestierten dem Stadttheater, „ungewöhnlich engagierte Theaterarbeit abseits der großen Theaterzentren" zu leisten und ergänzten: „Qualität spricht sich herum, selbst wenn sie in der Provinz stattfindet." Ja, das Theater macht Theater in der Provinz – und in was für einer. In einer Provinz, die weit davon entfernt ist, provinziell zu sein, die mit Offenheit und Neugier das kulturelle Leben einatmet und kontrovers diskutiert. Die mehr als 220 festen Mitarbeiter und Mitarbeiterinnen sowie zahlreiche Gäste aus etwa 30 Nationen machen Theater für Menschen in einer Region, die sich hinter nichts verstecken muss.

Berliner Platz, 35390 Gießen, Telefon 0641 79570,
www.stadttheater-giessen.de, Theaterkasse: Johannesstraße 1,
Ö: Di-Sa 10-13 sowie Di-Fr 16-18 Uhr.

# 36 Stolpersteine
## Verbeugung vor den Opfern der NS-Diktatur

An die während der NS-Diktatur ermordeten jüdischen Bürgerinnen und Bürger erinnert in der Universitätsstadt – wie in weiteren 500 Städten und Gemeinden deutschlandweit auch – das „Projekt Stolpersteine". Die 10 x 10 Zentimeter kleinen Messingplatten mit den Namen und Daten der Opfer wurden vor den ehemaligen Wohnhäusern oder den Sammelstellen für die Deportierten verlegt. In Gießen liegen mittlerweile 72 Stolpersteine an 30 Orten.

So auch in der Friedrichstraße 8. Hier lebten der Kunstmaler Heinrich Will und seine jüdische Ehefrau Elisabeth. Heinrich Will war schon als Jugendlicher ein begabter Zeichner, das Kunststudium an der Frankfurter Städelschule, der Kunstakademie in Düsseldorf und der Wiener Akademie absolvierte er erfolgreich. In Wien lernte er auch seine zukünftige Frau Elisabeth kennen, die er 1930 heiratete. Beide zogen nach Gießen. 1933 trat Weil dem „Kampfbund für deutsche Kultur" bei.

Ab Frühjahr 1938 nahmen er und seine Frau an einer losen Diskussionsrunde, dem „Freitagskränzchen" bei Dr. Alfred Kaufmann in dessen Wohnung teil. Anlässlich dieser Treffen wurden regelmäßig sogenannte „Feindsender" gehört, über das Gehörte diskutiert und das NS-Regime heftig kritisiert.

Verraten von einer eingeschleusten Gestapo-Agentin wurden sie zusammen mit anderen am Abend des 6. Februar 1942 verhaftet und bereits am 20. auf den 21. des Monats wird Heinrich Will wegen „Vorbereitung zum Landesverrat" und „Abhörens von Feindsendern" vom Volksgerichtshof zusammen mit Dr. Kaufmann zum Tode verurteilt. In der Strafanstalt Frankfurt-Preungesheim stirbt er am 19. Februar 1943 unter dem Fallbeil. Elisabeth Will wurde ebenfalls 1942 verhaftet und nach Auschwitz deportiert, wo sie ebenfalls ermordet wurde.

---

Friedrichstraße 8, 35390 Gießen. Weitere Infos unter
www.stolpersteine-giessen.de

HIER WOHNTE
**HEINRICH WILL**
JG. 1895
VERHAFTET 1942
HINGERICHTET 19.2.1943
ZUCHTHAUS
PREUNGESHEIM

HIER WOHNTE
**ELISABETH WILL**
GEB. KLEIN
JG. 1901
VERHAFTET 1942
FRAUENZUCHTHAUS
ZIEGENHAIN
DEPORTIERT 1942
AUSCHWITZ
ERMORDET

# 37 taT-studiobühne
## Kleines Theater ganz groß

Das Stadttheater Gießen bespielte seit den 1960er Jahren verschiedene Studiobühnen – zuletzt das TiL. Seit 2002 wurde das Profil dieser Zweitbühne durch ein vielfältiges Programm inhaltlich konsequent geschärft. Der damit einhergehenden Erhöhung der Intensität des Spielbetriebes war das TiL bald nicht mehr gewachsen. Dank der Unterstützung der Stadt Gießen konnte im September 2014 eine neue Studiobühne eröffnet werden – in unmittelbarer Nachbarschaft zum Kulturrathaus der Stadt (mit Hermann Levi Musiksaal, Kunsthalle und Stadtbibliothek) sowie dem Stadttheater. Im Herzen von Gießen entstand so ein zentraler kommunikativer Treffpunkt, der das neue kulturelle Stadtzentrum am Berliner Platz vervollständigte. „Einmal mehr wird durch eine solche Neueröffnung deutlich, wie wichtig der Stadt Gießen ihr Theater ist. Zu Recht! Denn Gründe, in einer Stadt ein Theater zu unterhalten, gibt es gerade in der heutigen Zeit mehr als genug", so Rolf Bolwin, Direktor des Deutschen Bühnenvereins.

Die neue taT-studiobühne bietet den Theaterschaffenden die Möglichkeit vielfältigster Raumbespielungen, die von allen Sparten des Stadttheaters intensiv genutzt werden. Freischaffende Künstler, vor allem auch aus dem Kreis der Gießener Angewandten Theaterwissenschaft, bereichern das Angebot an gesellschaftlich relevantem und energiegeladenem Theater. In der neuen Bühne haben Kinder prägende, oft erste Theatererlebnisse und Jugendliche probieren sich und ihre Kreativität in unterschiedlichsten Spielclubs, von Profis angeleitet, selber aus. Die neue Bühne in Gießen ist ein Ort der Begegnung, des Austauschs – auch vor und nach Vorstellungen. Das bewirtete Foyer heißt Kurzweilamt (KWA) und ist eine Gast-Stätte, die auch Nicht-Theaterbesucher zum „Beisammensein" einlädt und bereits eine Stunde vor Vorstellungsbeginn geöffnet ist. Und manchmal gibt es auch hier Programm – geplant oder ganz überraschend.

---

Berliner Platz 1, 35390 Gießen, Telefon 0641 79570,
www.stadttheater-giessen.de

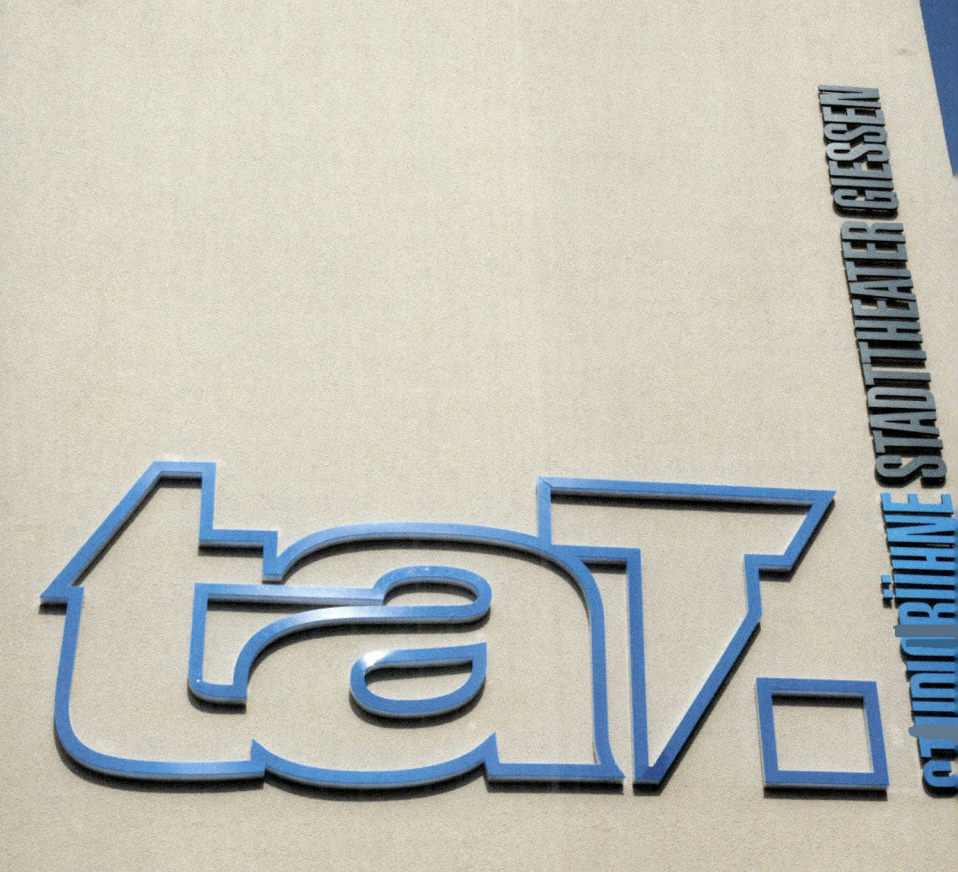

**taT.**

STUDIOBÜHNE STADTTHEATER GIESSEN

# 38 Summerei
## Neuer Gießener Bienensegen

Es brummt, es summt – wenn die sechs Bienenvölker der „Summerei" mitten in der Nordstadt ausfliegen und fleißig nach Pollen suchen. Anlässlich der Bundesgartenschau ist auf der Wiese zwischen Schott- und Werrastraße, umgeben von Wohnhäusern aus den 1960er Jahren, eine kleine Idylle entstanden.

Der erste Bienenstand im Quartier wurde als Begleitprojekt der Landesgartenschau auf Initiative der Gießener „gärtnerpflichten" etabliert und in Kooperation mit dem Neuen Kunstverein Gießen (NKV) sowie der Künstlergruppe „finger" realisiert. Der kunstvoll gestaltete Bienenstand, mit der Übersetzung des alten Lorscher Bienensegens versehen, ist zwar mittlerweile abgebaut, die Bienen sind jedoch geblieben. Nur von Mitte Oktober bis März sind sie im Winterquartier beim Imker.

Die Imkerei heißt nun „Summerei" und wird durch den Nordstadtverein Gießen e. V. betrieben und von Imker German Marstatt betreut. Dem ist besonders wichtig zu vermitteln, dass es um lebende Tiere geht, die man respektvoll und achtsam behandeln muss. An der Seite des Imkers: etwa 20 Bewohner der Nordstadt, die jährlich wechseln. Gemeinsam pflegen und kümmern sie sich um die Bienenvölker, lernen von der Behandlung der Varroa-Milbe bis zum Honigschleudern alles, was ein richtiger Bienenfreund und Imker wissen muss. Lohn des Engagements: 150 Liter Honig in der Saison 2015. Der wird im Nordstadtzentrum und beim Nordstadtfest verkauft.

Die Bienen sind in der Nordstadt mittlerweile bestens integriert, „die Bewohner fühlen sich verantwortlich für ihre Bienen", sagt Lutz Perkitny, Geschäftsführer des Nordstadtvereins. „Da wird nichts mutwillig zerstört, und auf eventuelle Störenfriede werden wir umgehend hingewiesen. Da das Interesse an den Bienen als Statteilprojekt und am Honig so groß ist, werden wir die „Summerei" wahrscheinlich schon in der nächsten Saison erweitern."

Zwischen Schott- und Werrastraße, Gießen-Nordstadt,
Kontakt: Nordstadtzentrum, Lutz Perkitny, Telefon 0641 9311180

# 39 Wochenmarkt
## Stadt, Land, Food

Duftende Rosen in herrlichen Farben, frisches Brot, Wurst- und Fleischwaren von regionalen Erzeugern und Metzgern, Kartoffeln in vielen Sorten, Obst und Gemüse in reicher Auswahl, Eier und Federvieh, Milch und Käse, Kaffeespezialitäten und Tees, internationale Feinkost – auf dem Gießener Wochenmarkt bieten rund 70 Händler und Erzeuger ihre qualitativ hochwertigen und frischen Produkte an. Darunter gibt es auch ein reichhaltiges Angebot an ökologischen Erzeugnissen. Die Gesamtfläche beträgt etwa 4800 Quadratmeter mit rund 650 laufenden Metern Verkaufstheken.

Der Gießener Wochenmarkt blickt auf eine lange Geschichte zurück. Bereits 1557 existierte eine erste Marktordnung, die als Nachweis für das Vorhandensein des Marktes gilt. Damals kaufte man auf dem Wochenmarkt Gemüse, Obst, Getreide, Vieh, Wolle, Häute, Honig, Fleisch und Fisch. Für die Bauern war der Markt nicht nur Warenumschlagplatz, sondern auch Einkaufsgelegenheit für gewerbliche Zwecke. Außerdem wurden hier der neueste Klatsch, Tratsch und Neuigkeiten ausgetauscht.

Seit 1894 findet der Gießener Wochenmarkt auf dem heutigen Gelände statt. In dieser Zeit entstand auch die Marktlaubenstraße mit den Marktlauben. So wurde eine damals noch fehlende Verbindung zwischen dem Lindenplatz und dem Brandplatz hergestellt.

Seither hat sich der Wochenmarkt von einem reinen Erzeugermarkt zu einem gemischten Markt mit etwa 60 Prozent Händleranteil gewandelt. Der Markt hat aber über die Jahrhunderte hinweg nicht sein Flair verloren und ist immer noch ein allwöchentliches Ereignis. Dort trifft man Freunde, Nachbarn, Arbeitskollegen und Kommilitonen.

---

Der Wochenmarkt zieht sich vom Brandplatz über die Arkaden und Marktlaubenstraße bis zum Lindenplatz und zum Oberhessischen Museum, 35390 Gießen

Rosen
St. 0,80 €
10 St. 7,50 €
20 St. 14,- €

Rosen
St. 0,80 €
10 St. 7,50 €
20 St. 14,- €

Rosen

Stck. 2,- €

Stck. 1,- €

# 40 Kloster Schiffenberg
## Dem Himmel so nah

Die Mönche wussten, wo es schön ist! Oben auf dem Schiffenberg (281 Meter hoch), dem Hausberg der Gießener und ihrer Gäste, ist man dem Himmel ein Stückchen näher. Die weithin sichtbare ehemalige Klosteranlage der Augustiner ist von einer mächtigen Mauer umgeben, die den weitläufigen Innenhof mit der sehenswerten Pfeilerbasilika, einem Restaurant und einer Galerie im ehemaligen Pferdestall umschließt. Außerhalb der Mauern laden Bänke zur Rast mit herrlichen Ausblicken ein. Von hier lassen sich sogar die nördlichen Ausläufer des Limes ausmachen. Im Sommer finden auf dem Schiffenberg u. a. Gottesdienste und kulturelle Veranstaltungen wie der „Musikalische Sommer" statt.

Die „Skephenburc" wurde um 780 als Etappenhof zur Sicherung von Reisenden, Pilgern und Händlern errichtet. Ausgrabungen an der Nordseite der Klosteranlage bezeugen, dass es hier bereits um 1000 v. Chr. eine Höhensiedlung gab. Es war aber Gräfin Clementia von Gleiberg, die zwischen 1103 und 1105 den Augustinermönchen aus Springiersbach den Schiffenberg mit der Auflage überließ, dort ein Chorherrenstift zu errichten.

Ein erhaltener und gut restaurierter Zeitzeuge: die eindrucksvolle, im romanischen Stil erbaute Pfeilerbasilika mit Querschiff und achteckigem Vierungsturm an der Nordseite der Anlage. Die Vierung trennt in Kirchen mit kreuzförmigem Grundriss den Chor vom Langhaus. Da das südliche Seitenschiff der Basilika in der Zeit der Säkularisierung abgetragen wurde, schaut man heute – leider nur durch die Schlitze des Sichtschutzes – von außen durch die Langhausbögen ins Innere der Kirche. Die Kirche wurde 1129 vom Trierer Erzbischof Meginer geweiht. 1323 bis 1809 wurde das Kloster vom Deutschen Orden verwaltet, für den auch um 1500 das Komturei-Gebäude und die ehemalige Propstei – heute mit schönen Erkern geziert – erbaut wurde.

Domäne Schiffenberg, 35396 Gießen. Führungen und Info über Tourist-Information Gießen, Telefon 0641 3061890

# 41 Galerie auf dem Schiffenberg
## Macht Kunst zum Genuss

Die Galerie auf dem Schiffenberg, 1992 vom Galeristen Rudolf Lotz gegründet, zeigt schwerpunktmäßig Kunst des 20. und 21. Jahrhunderts. Im historischen Ambiente des ehemaligen Klosters finden wechselnde Ausstellungen statt mit Werken von Künstlern aus der Region wie beispielsweise der gebürtigen Licherin Christiane Caroline Möller, einer Schülerin des renommierten Kunst-Professors Markus Lüpertz.

„Das naturhafte Sein in der ihr eigenen malerischen Formensprache herauszuarbeiten", das ist das Credo der Künstlerin Jutta Votteler. „Tief empfundene Harmonie, die durch die Farbkomposition ihrer Werke meisterhaft zum Ausdruck kommt, verknüpft mit Poesie voller Phantasie in der die Heimisches und Fremdes wie selbstverständlich zusammenfindet, fordern den Betrachter auf, sich auf eine Reise durch ihre ganz besondere Welt zu begeben", ist in der Ausstellungsbeschreibung zu lesen.

Zu den weiteren Künstlern der Galerie zählen: Dieter Portugall, Barbara Zettel, Horst H. Geist, Elke Kurz, Horst Janssen u.v.m.

Kunstdrucke werden in der Galerie edel gerahmt. Radierungen, Kunstdrucke und Stahlstiche aus Gießen und der Umgebung ergänzen das Angebot. Und weil der Ausbau von Wein ebenfalls eine Kunst ist, kann man in der Galerie auf dem Schiffenberg auch edle Weine aus Deutschland und Italien kaufen.

Die kleinen, kunstinteressierten Gäste der Galerie finden unter anderem Zeichnungen und Bücher von Janosch in der Kinderabteilung. Im umfangreichen Antiquariat warten mehr als 300 alte Stiche mit Städteansichten, auch aus dem Gießener Raum, Motiven aus Fauna und Flora sowie auch 1500 Bücher und Lexika aus der Zeit von 1880 bis heute auf ihre Wiederentdeckung.

---

Rudolf Lotz, Galerist, Domäne Schiffenberg 1, 35394 Gießen, Telefon 0641/34567, Mobil 0162 9826365, Ö: Mo–Fr 15–18, Sa 16–18, So 14–18 Uhr und nach Vereinbarung, www.galerie-auf-dem-schiffenberg.de

# 42 Kletterwald Gießen
## Ich Tarzan, du Jane!

Schwindelfrei sollte man schon sein, wenn man sich auf den Parcours des Kletterwalds auf dem Schiffenberg wagt. Hier ist man in luftiger Höhe mit Eichhörnchen, Vögeln und anderen Waldbewohnern auf Augenhöhe.

Über Hängebrücken, Kletternetze und Seilkonstruktionen – unter anderem warten zwei der längsten Kletterwald-Seilrutschen auf mutige Klettermaxe – oder durch große Holzröhren führt der abenteuerliche Kletterparcours in den Bäumen von Holzplattform zu Holzplattform. Wer den schwarzen Parcours bis auf 20 Meter Höhe durchklettert, der wird mit einem abschließenden 460 Meter langen Flug belohnt.

Insgesamt warten 11 verschiedenen Parcours mit 140 Übungen auf abenteuerlustige Kletterer. Gekennzeichnet sind die ähnlich wie beim Skifahren: Grün wie „Tannheimer Tal" gehört zu den leichtesten Strecken, die auf maximal drei Meter Höhe führen. Auf den roten wie „Eiger" mit Tarzansprung, "Ortler" mit Spinnennetz-

Überquerung oder „Mont Blanc" muss man sich schon auf zehn Meter Höhe hangeln. Die schwarzen führen dann in den Himalaya, zumindest tragen zwei Strecken so klangvolle Namen wie Nanga Parbat und K2. Wer die bezwingen will, muss eine gute Portion Mut mitbringen, denn es geht auf 22 Meter hinauf in die Wipfel. Auf einem Teller sitzend, wie man sie von Skiliften kennt, rauscht man dann mit Karacho knapp 500 Meter durch den Wald und über Wiesen.

Für Sicherheit ist gesorgt: Im Kletterwald kommen sogenannte „Seilbeißer" zum Einsatz. Mit diesem umlaufenden Sicherungssystem wird ein komplettes Aushängen der Sicherung technisch ausgeschlossen. Bevor man jedoch auf den Parcours darf, bekommt man von ausgebildeten Instruktoren eine Sicherheitseinweisung, in der Kletterregeln erklärt werden. Danach müssen die Teilnehmer erst einmal unter Aufsicht der Trainer vorklettern.

---

Schiffenberg, 35394 Gießen, Tel. 06198 5190190, www.kletterwald-giessen.de,
Ö: Mitte März–Osterferien an Wochenenden 10–19,
Oster- bis Herbstferien Do/Fr 13–19 Uhr,
während der hessischen Ferien sowie an Wochenenden, Brücken- und Feiertagen täglich 10–19 Uhr, im Oktober bis zum Einbruch der Dämmerung.

# 43 Buchdruckmuseum Setzkasten
## Die machen Druck

Was sucht Antimon im Blei? Warum können Zwiebelfische nicht schwimmen? Wieso sind gebrochene Schriften nicht kaputt? Was macht man mit der Abziehnudel? Was ist der Unterschied zwischen einem „Schusterjungen" und einem „Hurenkind"? Georg Kaluza hat eine pointierte Sammlung zur Entwicklung der Druckkunst zusammengetragen – von einer Nachbildung der Gutenberg-Presse, die einst als Weinpresse entwickelt wurde und von den Berufsschülern der Theodor-Litt-Schule in 2000 Stunden komplett in Holz nachgebaut wurde, bis zum Heidelberger Tiegel, der weltweit am meisten eingesetzten Druckmaschine.

Zur Sammlung gehört aber auch Historisches wie die Nachbildungen von kretischen Buchstabenplatten, zahlreiche Prägestempel oder eine original erhaltene Kniehebelpresse des Gießener Anzeigers oder ein Fotosatzgerät. Mit den umfangreichen Exponaten und dem profunden Wissen des Sammlers bieten Führungen durch die Privatsammlung „Setzkasten" interessante Einblicke in Technik und Praxis des Buchdrucks mit all seinen Facetten.

Außerdem können die Besucher auch ihre eigenen Fähigkeiten beim Setzen von Seiten testen. Dafür stehen mehr als 100 Schriftkästen mit den unterschiedlichsten Schriftarten zur Verfügung. Wer dies einmal geübt hat, kann ermessen, wie aufwendig die Herstellung einer Zeitung oder eines Buches inklusive aller Korrekturläufe war. Vom Satz mit Bleibuchstaben (bis 1973) bis zum Gießen der Druckplatte können die Besucher erfahren, wie eine Zeitungsseite entstand und wie eine Abziehpresse aus dem Jahre 1953 funktioniert. Nicht nur das! Auch wie heute moderne Druckvorlagen entstehen, wie die Prägung oder die Veredlung einer Schrift durch Gold und Silber funktioniert – alles das wird im Buchdruckmuseum erklärt.

---

Wellersburgring 10, Eingang Burgenring, 35396 Gießen-Wieseck, Telefon 0641 55990145 oder 0641 9502090, Ö: nach Vereinbarung, es wird um telefonische Anmeldung gebeten.

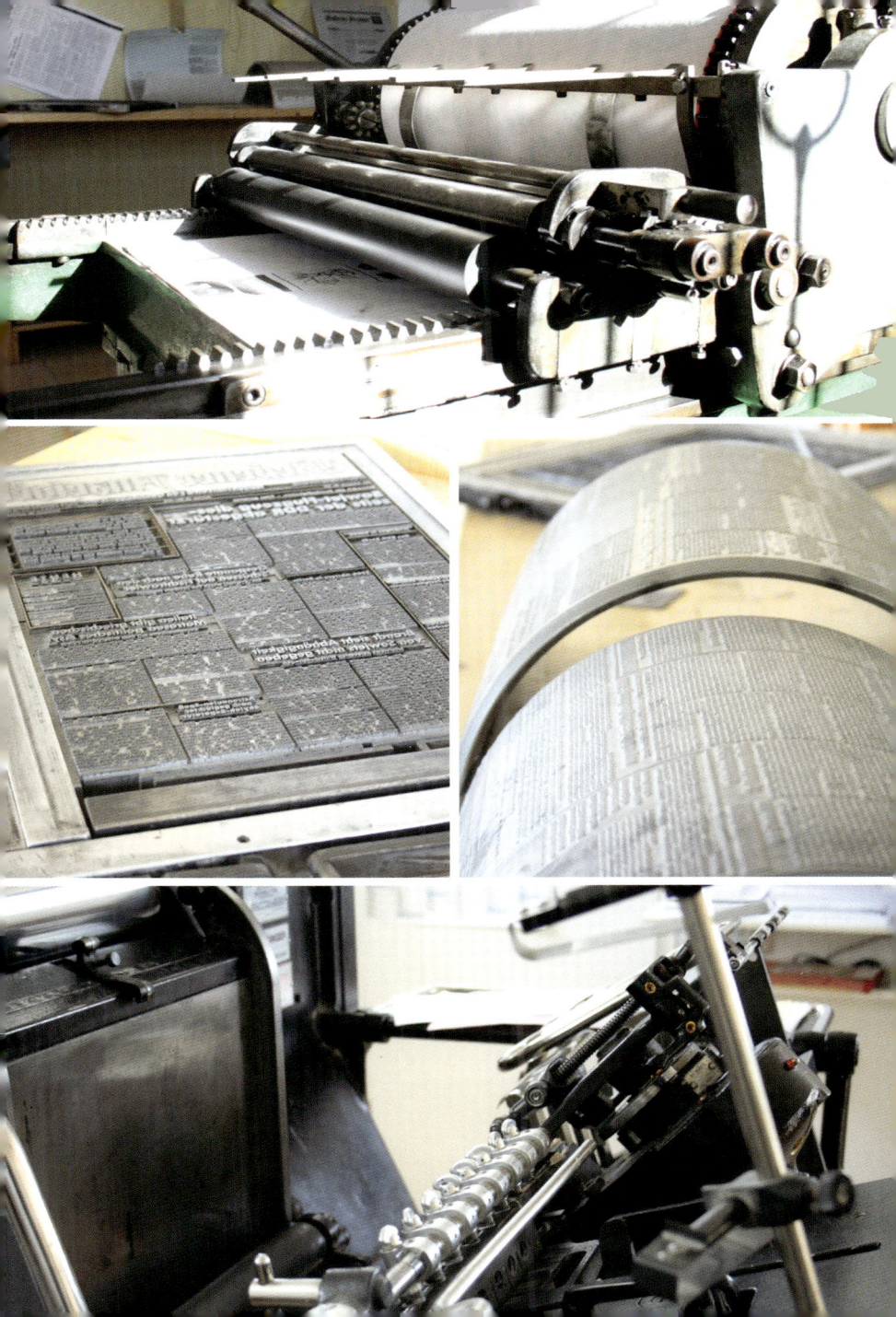

Besuchen Sie die Fachwerkstadt im Grünen und erleben Sie eine **individuelle Stadtführung** durch die Altstadt Grünbergs, z.B. mit einem Besuch im Museum im Spital Grünberg oder dem Haus der Zünfte.
Lassen Sie sich verzaubern von der schönen mittelalterlichen Fachwerkkulisse mit gemütlichen **Cafés, Lokalen** und attraktiven **Geschäften.**

**Tourismusbüro der Stadt Grünberg**
Rathaus, Rabegasse 1
35305 Grünberg
Tel.: 06401 / 804-114
www.facebook/gruenberg.de          www.gruenberg.de

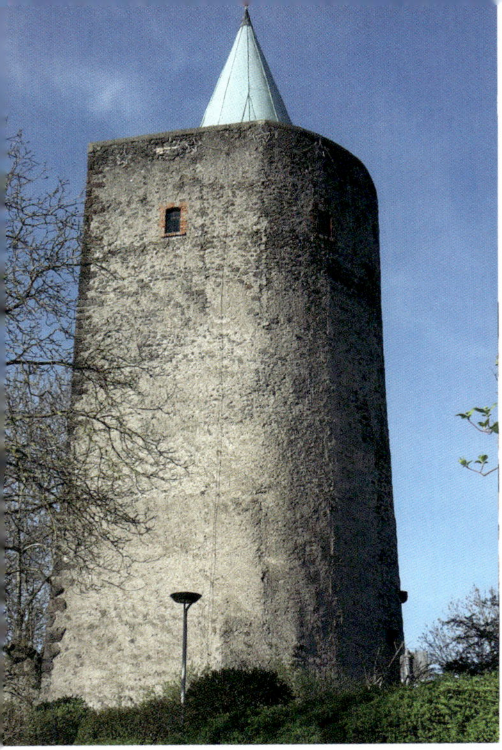

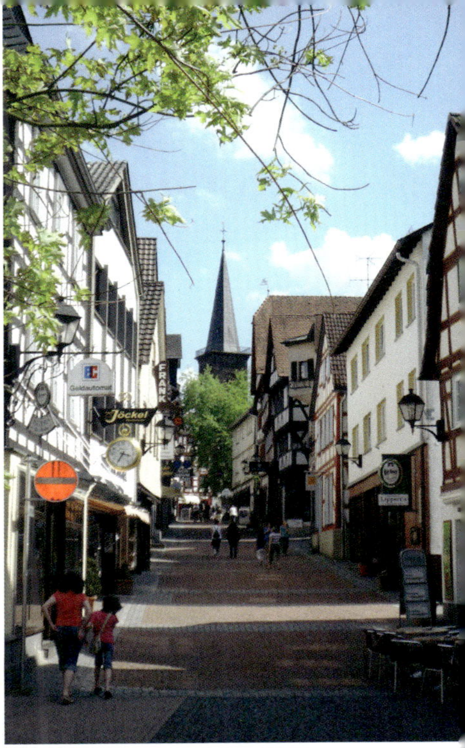
Geldautomat
Jöckel

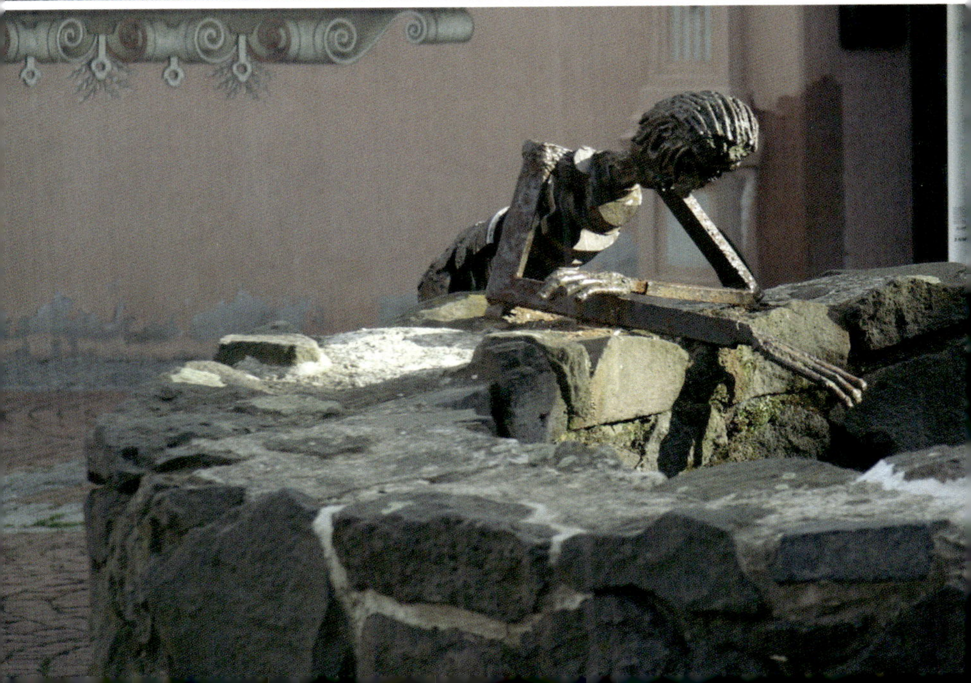

# 44 Antoniterkloster
## Ora et labora

Das 1193 gegründete Antoniterkloster ist für die Geschichte Grünbergs von großer Bedeutung. Bis zu seiner Auflösung 1526 war das Kloster vor allem im mitteldeutschen Raum sehr einflussreich. Die beeindruckende Außenmauer des Klosters (ehemaliger Mönchsbau) im Nordwesten erhebt sich stolz über die Stadtmauer. Heute befindet sich das ehemalige Kloster in Privatbesitz.

2007 wurde in der Sakristei der ehemaligen Klosterkirche ein kostbarer Fund gemacht: Ein großformatiges Wandbild konnte freigelegt werden. Trotz zahlreicher Schäden war das Motiv problemlos zu entschlüsseln: Es zeigt eine Gregoriusmesse. Sie verkörpert einen Bildtypus des späten Mittelalters und zeigt in der Regel eine Vision von Papst Gregor dem Großen. Christus selbst soll ihm anlässlich einer Messfeier körperlich auf dem Altar erschienen sein.

Die alte Malerei bedeckt die Wandfläche der Nische auf 140 x 157 Zentimetern. Der Maler ist unbekannt. Bauhistorische Informationen zum Antoniterkloster legen einen Entstehungszeitraum zwischen 1485 und 1490 nahe. Die Zeit hat die Farben zwar verblassen lassen, aber mit etwas Vorstellungskraft kann man die ursprüngliche Pracht erahnen. Die Verwendung kostbarer Pigmente lässt Rückschlüsse auf die guten wirtschaftlichen Verhältnisse des Grünberger Antoniterklosters zu.

Die Antoniter, ein Hospitalorden, wurde 1095 in Frankreich gegründet. Die Ordensmänner hatten es sich zur Aufgabe gemacht, die im Mittelalter sehr verbreitete, schmerzhaft-brennende Kribbelkrankheit – einer Vergiftung mit Mutterkorn – zu heilen.

Sie trugen eine schwarze Kutte mit einem blauen T (griechisches Tau), das man noch heute im Siegel der Universität Gießen und im Wappen des Landkreises Gießen erkennen kann.

---

Die Klosteranlage in Grünberg umfasst ein Trapez zwischen der B 49, der Markt- und Rosengasse, 35305 Grünberg.

# 45 Brunnental
## Wasser, marsch!

Nach einem recht steilen Abstieg vom Winterplatz in das 60 Meter tiefer gelegene Brunnental steht man in einer idyllischen Wasserlandschaft mit zwei Teichen, auf denen Schwäne und Enten dümpeln. Der Äschersbach fließt durchs Tal und treibt noch immer ein Wasserrad an und füllt die hölzernen Wasserrinnen. Zudem quillt aus vielen unterirdischen Basaltspalten klares Quellwasser empor. Einst trieb das Wasser die Brunnenkunst und das Pumpwerk zur Förderung von Trinkwasser hinauf in die Stadt und im weiteren Verlauf die Mühle zum heiligen Born, die Stadtmühle und die Steinmühle an. Heute ist das Brunnental Naherholungsgebiet der Stadt Grünberg. Einige Kunstobjekte setzen Wasser und Tal in Szene, eröffnen neue Blickwinkel.

Bereits 1419 ließ die Stadt Grünberg eine zentrale Wasserversorgung einrichten. Die damals modernste Technik kam zum Einsatz, um aus dem tief unterhalb der Stadt gelegenen Tal Wasser mechanisch auf den Berg pumpen

zu können. Als Baumeister wurde der Fritzlarer Brunnenmeister Bartholomäus Pfeiffer engagiert. Ein Modell seiner Pumpanlage kann man im Museum im Spital anschauen. Im Prinzip handelt es sich um eine dreifach gekröpfte Kurbelwelle, die aus mehreren Holzteilen und Metallverbindungen zusammengesetzt ist. Zwei ovale und zwei bumerangförmige Holzteile wurden an ihren Enden jeweils mit Zapfverbindungen zusammengefügt, so dass sie um 120 Grad zueinander versetzt angeordnet sind. So konnten drei Druckpumpen angetrieben werden, die abwechselnd Wasser ansaugten oder auf den Berg beförderten.

Es war der Grünberger Verkehrsverein, der bereits 1901 damit begann, Wege ins und im Brunnental anzulegen. 1908 wurden Grundstücke auf der der Stadt gegenüberliegenden Seite angekauft und durch Wege begehbar gemacht.

---

Brunnental, Abstieg vom Winterplatz aus, 35305 Grünberg

# 46 Diebsturm
## Willkommen im Verlies!

Trutzig beherrscht der Diebsturm die Silhouette der kleinen Handelsstadt. Der 25 Meter hohe Turm ist das Wahrzeichen der Stadt Grünberg. Erbaut 1200 entstand der Diebsturm mit einem ungewöhnlichen Grundriss in Tropfenform. Heute ist der Turm der einzige noch erhaltene der alten Stadtbefestigung. Lange diente er als Gefängnis - daher auch sein Name. Im Zweiten Weltkrieg wurde der Turm als Munitionslager genutzt und von den alliierten Truppen teilweise gesprengt.

Bei der Stadtverwaltung am Marktplatz, im Bistro Merlin und in der Pizzeria „Da Michele" kann man sich den Schlüssel zum Diebsturm holen (und wieder abgeben!) und das innen kreisrunde Gemäuer auf eigene Faust erkunden.

Die Teile, die einst über die Stadtmauer hinausragten, haben gerade Wände, die sich in einer Kante vereinigen. Früher war der Diebsturm nur vom Wehrgang der Stadtmauer mittels eines umlaufenden Gangs, dessen Konsolen zum Teil noch sichtbar sind, zugänglich. 1895 wurde der Diebsturm zum Wasserspeicher umgebaut, im Zuge der Restaurierung wurde er zum Aussichtsturm mit spitzem Dachaufsatz ausgebaut.

Betritt man den Turm, kann man erstmal einen Blick nach oben werfen und schon mal tief durchatmen für den Aufstieg. Oder man blickt erstmal ins „Loch", wo einst Gefangene ohne Tageslicht – manchmal für Jahre – eingesperrt waren. Oben angekommen, informiert eine kleine Ausstellung über die Geschichte des Turmes, und bei klarem Himmel kann man über die Dächer der Stadt bis in den Taunus und den Vogelsberg schauen.

Am Renthof, 35305 Grünberg

# 47 Grünberger Pfennig
## Wer den Pfennig nicht ehrt ...

Bürgerfleiß war sicherlich eine Wurzel des städtischen Reichtums. Wichtiger war jedoch die Lage an einem der großen Handelswege von Frankfurt am Main nach Mitteldeutschland: die Straße durch die "kurzen Hessen" oder die "Hohe Straße". Dort, wo Händler vorbeireisten und Handwerker ihre Waren anboten und verkauften, entstanden Märkte. Und für den Zahlungsverkehr wurde Geld gebraucht.

Die Bedeutung Grünbergs als Handelsplatz dokumentiert auch, dass die Stadt im 13. Jahrhundert das Privileg hatte, Münzen zu prägen. Zwei Exemplare des „Grünberger Pfennigs", sehr wahrscheinlich 1234 in der Grünberger Münze geprägt, sind im Museum im Spital zu sehen. Kaum mehr als ein halbes Gramm, exakt 0,56 Gramm, wiegt der Pfennig, mit dem man sich anno dazumal Dinge fürs tägliche Leben wie ein Stück Speck oder ein Brot kaufen konnte.

Mit dem Aufkommen des neuen Hellers aus dem Süden nach 1275 hat die Grünberger Münze vermutlich ihre Tätigkeit eingestellt. Es ist auch keine einzige Prägung eines Grünberger Hellers bekannt. Damit sind die drei gezeigten Pfennige sehr seltene Exemplare. Bis zum Zweiten Weltkrieg waren nur sechs Stück in verschiedenen, meist öffentlichen Sammlungen bekannt.

Die Prägung zeigt zwei Männergestalten. Es sind Landgraf Hermann der II. von Thüringen. Die zweite Person stellt Heinz Raspe IV. dar, der Vormund und Onkel Hermanns. Glaubt man bösen Zungen, soll er am frühen Tod seines Neffen nicht unschuldig sein.

---

Museum im Spital, Hintergasse 24, 35305 Grünberg, Tel.: 06401 2233280,
Ö: Sommerhalbjahr 1. April–30. September: Mi 18–12, Fr–So 14–18 Uhr,
Winterhalbjahr 1. Oktober–31. März: Mi 18–20, Fr–So 14–17 Uhr,
www.gruenberg.de

# 48 Haus der Zünfte
## Schuster, bleib' bei deinen Leisten!

Das Haus der Zünfte wurde standesgemäß auf drei Etagen in einem renovierten Fachwerkhaus von 1530 im historischen Stadtkern von Grünberg auf Initiative von Wolfgang Richter und dem Verkehrsverein Grünberg 1896 e. V. eingerichtet und ist mittlerweile zu einem Grünberger Kleinod avanciert.

Die umfangreiche Sammlung gibt einen informativen Einblick in die Vergangenheit der Handwerkskunst in Grünberg. In dem Städtchen gab es einst gut 20 Schuster, der letzte gab seine Werkstatt in den 1990er Jahren auf. Aber auch das Metzger-, Bäcker- und Uhrmacherhandwerk wird im Haus der Zünfte mit zahlreichen original erhaltenen Handwerksutensilien gewürdigt.

Ein separater Raum ist den Anfängen der Fotografie gewidmet. Im Frisiersalon mit integrierter Badestube dreht der Friseur früher nicht nur mit gefährlich anmutenden Geräten Locken ins Haupthaar der weiblichen Kundschaft, sondern zog nebenbei auch Zähne.

In der angrenzenden Schmiede, die bis 1967 in Grünberg betrieben und 1996 von der Stadt aufgekauft wurde, wird ein bis zwei Mal im Jahr die Esse in Betrieb genommen und verschiedene Schmiedearbeiten werden gezeigt. In der Schusterwerkstatt erfährt man, was es mit „Grünberger Schusterpech" auf sich hat, wie eine Schusterlampe oder Schusternähmaschine funktioniert. Zu sehen sind von „genagelten" Schuhe in Miniatur, Gamaschen bis zu einem einzelnen Meisterstück für Damenfüße, zu dem man heute „Ballerina" sagen würde.

Brechen, knotten, hecheln, spinnen - in der „Weberei" wird das früher rund um Grünberg wichtige und von fast allen Haushalten und in zahlreichen großen Webereien wie Heinrich Schmidt oder Repp Tuche praktizierte Handwerk der Tuchweberei anhand eines rekonstruierten Webstuhls, Arbeitsutensilien wie Schiffchen und zahlreichen Erklärungen lebendig.

---

Haus der Zünfte, Judengasse 5, 35305 Grünberg, Ö: von April bis Oktober jeden 1. Sonntag von 14-17 Uhr und nach vorheriger Anmeldung unter 06401 21471 (Wolfgang Richter).

# 49 Marktplatz Grünberg
## Geschichte auf Schritt und Tritt

Historisches Rathaus, alte Ratsschänke und Post, historische Apotheke und andere, schön sanierte Fachwerkhäuser geben dem Grünberger Marktplatz besonderes Flair und heimeligen Charme. Die reich verzierten Fachwerkhäuser zeugen aber auch vom Fleiß und von der Geschäftstüchtigkeit der Grünberger Bürger.

Geschick haben sie und ihre Stadtverwaltung auch bei der in den 1960er Jahren begonnenen Altstadtsanierung bewiesen. Von der öffentlichen Hand und vielen privaten Eigentümern wurden fast 70 Millionen Euro in die Altstadt investiert. Viele kleine Läden und Geschäfte – von der Eisdiele oder dem Fotofachgeschäft bis zum Märchencafé – sind in den Gebäuden, überwiegend in den Erdgeschossen, entstanden. In den oberen Etagen wurden zahlreiche Wohnungen und Büroflächen geschaffen. Durch eine restriktive Siedlungspolitik ist es der Stadt Grünberg zudem gelungen, die historische Altstadt als „lokale Einkaufsmeile" zu erhalten und den Leerstand, der in vielen

anderen Städten zum Problem geworden ist, zu vermeiden.

Eindrucksvoll, damals wie heute: das „rote" Rathaus, 1586/87 als Wohnhaus von Amtmann Hermann Rüdiger von Hersfeld erbaut und 1593 für 2000 Taler als Rathaus an die Stadt Grünberg verkauft. 1822 wurde der Renaissancebau verputzt und damit die reiche Ornamentik verdeckt, die hundert Jahre später wieder freigelegt wurde. 1966 wurde auch das Fachwerk wieder sichtbar gemacht und 1980 restauriert. Die schöne Ratsschänke wurde 1720 erbaut und diente einst als Sitz des landgräflichen Gerichtsbeamten. Die Alte Post ist ein prächtiger Barockfachwerkbau aus dem Jahr 1668. Früher diente das Gebäude als Poststation. Die hohe Halle erinnert noch heute an die ursprüngliche Funktion. Bei der Neugestaltung des Marktplatzes 1980 wurde bei Erdarbeiten auch ein Schachtbrunnen freigelegt, der mit großer Wahrscheinlichkeit aus Zeiten der Stadtgründung im 12. Jahrhundert durch Landgraf Ludwig III. von Thüringen stammt.

---

Marktplatz und Altstadt Grünberg, 35305 Grünberg. Führungen zu verschiedenen Themen über die Stadtverwaltung, Telefon 06401 8040, Ö: Mo bis Mi 8-16 Uhr, Do 8-18 Uhr, Fr 8-12 Uhr. www.gruenberg.de

# 50 Amazonas-Regenwaldausstellung
## Der Dschungel ruft!

Mitte des 15. Jahrhunderts errichteten die Augustinerinnen direkt neben der damaligen Kirche St. Paul ein Kloster. Nach der Auflösung der Klöster in der Reformationszeit wurde der Bau über Jahrhunderte als städtisches Spital genutzt. Vom ehemaligen Kloster ist ein langgezogenes Fachwerkgebäude erhalten, in dem nach einer umfassenden Sanierung seit 2007 das Grünberger Museum im Spital beheimatet ist.

Das Obergeschoss ist einem abenteuerlustigen Sohn der Stadt, dem Südamerikaforscher Theodor Koch-Grünberg und seiner ethnografischen Sammlung, gewidmet. Koch-Grünberg zählt zu den Pionieren der Erforschung südamerikanischer Indianervölker. Insgesamt viermal besuchte er zwischen 1898 und 1924 im Amazonasgebiet Indianer in Regionen, die vor ihm noch kein Weißer betreten hatte.

Sein Verdienst: Er lebte mit den Stämmen und dokumentierte ihr Leben in genauen ethnografischen Beschreibungen, zahlreichen Fotografien, mit Sprach- und Phono-aufnahmen und durch den Erwerb zahlreicher Gebrauchs-, Kultur- und Kultgegenstände. Davon befindet sich der größte Teil in den ethnologischen Museen in Berlin.

Im Museum im Spital sind in stimmungsvoller Kulisse 50 Exponate vom Blasrohr mit Zubehör bis zu kultischen Masken, von Reibebrett und Pressschlauch für Maniok bis zu gefiedertem Kopfschmuck aus seiner mehr als 1700 Objekte umfassenden Sammlung zu sehen und zu hören.

Theodor Koch wurde als Pfarrerssohn 1872 in Grünberg geboren und fügte zwischen 1903 und 1905 den Namen seiner Geburtsstadt an seinen Namen an. So ist er auch in Forscher- und Wissenschaftskreisen bekannt. Unter diesem Namen veröffentlichte er seine wichtigsten Werke „Zwei Jahre unter den Indianern" und „Vom Roroima zum Orinoco".

---

Museum im Spital, Hintergasse 24, 35305 Grünberg, Tel.: 06401 2233280, Ö: Sommerhalbjahr - 1. April–30. September: Mi 18-20, Fr-So 14-18 Uhr, Winterhalbjahr - 1. Oktober–31. März: Mi 18-20, Fr-So 14-17 Uhr, www.gruenberg.de

Menschen sind die Menschenkinder

Der Film

Yapurutú-Fl...

# 51 Drehbares Haus
## Immer der Sonne nach

Das 2009 von den Architekten Christopher und Jürgen Rinn konzipierte Drehhaus wurde als Passivhaus erbaut, hat einen Holzrahmenbau als Primärkonstruktion und ist mit Zellulose gedämmt. Geheizt wird überwiegend durch die Sonnenwärme. Die Sonnenseite der Fassade besteht zu 75 Prozent aus Glas und folgt durch Drehen des ganzen Hauses von Sonnenaufgang bis -untergang diesem Energielieferanten. Im Keller ruht die drehbare Platte auf einem Betonsockel, der bis zu fünf Tonnen tragen kann, und einer leichtlaufenden Trägerkonstruktion.

Reicht die Sonnenenergie nicht aus, kann die Fußbodenheizung zusätzlich mit einer Wärmepumpe (Erdwärmesonde mit Tiefenbohrung von 80 Metern) betrieben werden. Außerdem unterstützen Röhrenkollektoren über dem Balkon, die durch Drehung des Hauses immer optimal zur Sonne stehen, die Heizung. Um im Sommer die Temperatur im Haus ohne Energieeinsatz für eine mechanische Kühlung niedrig zu halten, wird die Fensterseite des Hauses aus der Sonne gedreht. Die Rückseite hat nur wenige, kleine Fenster. Der Luftaustausch erfolgt durch die Lüftungsanlage mit Wärmetauscher zur Wärmerückgewinnung im Winter und zur Kühlung im Sommer. Zur Stromerzeugung dient eine Photovoltaikanlage auf der Dachfläche.

Mit all diesen technischen Möglichkeiten produziert das Haus mehr Energie (etwa 10.000 kW), als es zum Heizen und Kühlen (etwa 7000 KW) verbraucht. Die überschüssige Energie kann man ins Netz einspeisen oder sein Elektroauto „betanken". Wer noch mehr Energiekosten sparen will, der schaltet den 0,18 kW starken Elektromotor ab, mit dem das Haus allabendlich auf den Startpunkt zurückgedreht wird, setzt sich auf den Hometrainer und erzeugt per Pedale die Energie, die dazu benötigt wird.

---

Heinestraße 16, 35452 Heuchelheim, Führung nach Terminvereinbarung mit Christopher Rinn, Telefon: 0641 96224-0, www.drehhaus.de

# 52 Kamera-Museum
## Im Geheimdienst Ihrer Majestät

Keine Spionagefilme in den 1960er Jahren, in denen nicht James Bond, Emma Peel und John Steed oder andere Geheimagenten mit einer Minikamera streng geheime Dokumente des Gegners ablichteten. Im Kamera-Museum, untergebracht im einzigen erhalten gebliebenen Backhaus der Gemeinde Heuchelheim, sind die verschiedenen Modelle der legendären Kamera neben rund 2500 anderen Exponaten auf drei Etagen zu sehen.

Der Prototyp der Kamera im Westentaschenformat wurde bereits 1936 von Walter Zapp in Tallinn entwickelt. Ab 1938 wurde die Kamera in Riga produziert und unter dem Namen der Stadt verkauft. Zapp floh im März 1941 nach Hessen und brachte ein Exemplar des ersten Serienmodells mit. Nach Kriegsende gründete Zapp die Minox GmbH Wetzlar und setzte damit die Produktion seiner Kleinstbildkamera fort.

Das kleine Unternehmen zog Ende 1948 in das nahegelegene Heuchelheim, wo bis 1995 produziert wurde. Bereits 1946 gab es die Neuauflage A der Minox mit Anschlussmöglichkeit für einen externen Belichtungsmesser, 1958 mit integriertem Belichtungsmesser und 1969 mit einem eingebauten elektrischen Belichtungsmesser in der zusammenschiebbaren Minikamera.

1957 wurde das Backhaus zum Filmstudio der „Schmalfilmfreunde RIVORESCH" umgebaut, die dort mehr als 30 Jahre wirkten und hier Schnittplatz, Sprecherkabine und das technische Equipment der Zeit hinterlassen haben. 1999 wurde dann das Kamera-Museum Heuchelheim gegründet. In den zahlreichen Vitrinen geben alte Kameras, Film- und Dia-Projektoren unzähliger Hersteller von A wie Agfa bis Z wie Zeiss, manche mehr als 100 Jahre alt, Einblicke in längst vergangene Film- und Fotoepochen. Darunter Raritäten wie Laterna Magica, alte Balgen- und Boxkameras, Rollfilm- und Kleinbildkameras.

---

Wilhelmstraße 36, 35452 Heuchelheim, Ö: jeweils am 2. Sonntag im Monat von 10-12 Uhr. Besichtigungen sind auch nach telefonischer Voranmeldung außerhalb der üblichen Öffnungszeiten möglich. Kontakt: Siegfried Jaedike, Telefon 0641 62394, www.kameramuseum-heuchelheim.de

# 53 Wasserski- und Wakeboardzentrum
## Aloha am Heuchelheimer Südsee

Eine steife Brise lässt die Wellenkronen schäumen, die Fähnchen flattern im Wind, die Takelage des Wasserskilifts klappert wie die von Booten im Hafen – das alles beeindruckt die erfahrenen Wasserskiläufer und Wake-Boarder am Start der 800 Meter langen Wasserskistrecke auf dem südlichen Heuchelheimer See aber nicht wirklich. Manche starten mit einem eleganten Sprung von der Rampe, andere kämpfen bei 30 Stundenkilometern um ihr Gleichgewicht – und der Rest der Wassersportler? Der übt noch und ist froh, wenn der Start klappt.

Anfängern und Fortgeschrittenen steht Geschäftsführer Dr. Uwe Vorpahl, von Beruf Chirurg und selbst erfahrener Wettkampfläufer, mit Rat und Tat zur Seite. Das komplette Equipment vom Neopren-Anzug, der Schwimmweste bis zu den Brettern kann man hier leihen.

Der elektrisch betriebene Wasserskilift bringt es bei öffentlichem Betrieb auf 30, beim Training der Profis für Disziplinen wie Slalom auf knapp 60 Stundenkilometer. Dann geht es mit Karacho und steiler Heckwelle durch den Parcours.

Im „Obstacle-Park" des Wasserski- und Wakeboard-Zentrums zeigen Könner, was sie draufhaben: mit Speed über die Sprungschanzen oder schlitternd über die Hindernisse – bei vielen sind das spektakuläre Kunststücke. Ein bisschen Küstenfeeling genießen kann man auch als Zuschauer. Gäste finden im Restaurant, im Biergarten oder auf der Wiese am See ein schönes Plätzchen.

Die Heuchelheimer Seen sind Relikte aus dem inzwischen überwiegend eingestellten Kiesabbau in der Lahnaue. Von den beiden südlichen Heuchelheimer Seen hat man einen schönen Blick über Lahn, Lahnaue und die dahinterliegenden Erhebungen von Gleiberg, Vetzberg und Dünsberg. Auch ein Spaziergang lohnt sich also.

---

WWZ Heuchelheim, Lahnparkstraße, 35452 Heuchelheim, Telefon 0641 6868888, Ö: Juni bis 23. Juli täglich 15-20, Mi bis 21, Sa 13-19, So/Feiertage 12-20 Uhr, ab 24. Juli täglich 13-20, Mi bis 21, Sa 13-19, So/Feiertage 12-20 Uhr. August bis 6. September täglich 13-20, Mi bis 21, Sa 13-19, So/Feiertage 12-19 Uhr, www.wasserski-heuchelheim.de

# 54 Zigarrenfabrik Don Stefano
## Havannas made in Heuchelheim

Don Stefano ist die letzte produzierende Zigarrenfabrik Hessens, dabei hat die Tabakverarbeitung gerade in Mittelhessen eine lange Tradition. Bei Rinn & Cloos arbeiteten bis zum 2. Weltkrieg gut 5000 Menschen. Damit war das Unternehmen einer der größten Tabakwarenhersteller in Deutschland. Don Steffen Rinn hat das Geschäft von der Pike auf gelernt, leitete bei Rinn & Cloos die Produktion, war zuständig für den Einkauf der Rohtabake, bereiste die bedeutendsten Anbaugebiete und erwarb profunde Kenntnisse über die Tabakpflanze und deren Verarbeitung.

Unter dem Label Don Stefano werden von daumendicken „Torpedos" bis zu schlanken „Churchills" sowie Zigarillos in 25 Sorten – überwiegend in Handarbeit – hergestellt, in formschöne Kästchen oder die typischen Zigarrenröhrchen verpackt und verschickt. Mehr als 2000 Kunden in Deutschland und Österreich – vom Kaufhaus bis zum Fachgeschäft – werden beliefert.

Die Zigarren werden in Handarbeit gefertigt, von der Vorbereitung der Füllung über das Zurechtschneiden des Umblattes bis zum Rollen der edlen Deckblätter. Das ist damals wie heute im Wesentlichen Frauenarbeit. Zum Einsatz kommen aber auch Wickelmaschinen, die einzelne Arbeitsschritte rascher erledigen, allerdings auf ein bestimmtes Format festgelegt sind. 30 MitarbeiterInnen beschäftigt das Unternehmen heute.

Betritt man die Produktionsstätte, weht ein süßlich-würziger Duft aus den Lagerräumen herüber, in denen edle Tabake aus Übersee – von Cuba, Brasilien bis Indonesien – fein säuberlich nach Ballen und Herkunftsländern sortiert lagern. Der letzte hessische Tabakanbauer, Heinz Karb aus Lampertheim, gab 2004 seinen Betrieb auf. Trotzdem gibt es bei Don Stefano das „Geudertheimer Zigarillo", gänzlich „Made in Germany", mit Tabaken aus der Pfalz und dem badischen Oberland, wie Inhaber Steffen Rinn erklärt.

---

Ludwig-Rinn-Straße 14, 35452 Heuchelheim, Telefon 0641 68371,
Führungen und Tabakseminare nach Voranmeldung.

# 55 Kastell Holzheimer Unterwald
## Im Wald da sind die Römer

Im dichten Wald versteckt liegt das Holzheimer Kleinkastell, das mit 19 Metern Breite und 17 Metern Länge im Vergleich zu den benachbarten Kastellen Arnsburg und Butzbach, in denen jeweils eine Kohorte (1000 Soldaten) stationiert waren, recht klein war. In einem solchen Kleinkastell waren rund dreißig Soldaten untergebracht, die von hier aus ein Teilstück des Limes kontrollierten.

Das Holzheimer Kastell liegt direkt hinter dem Limes, dessen Wall hier noch bis zu zwei Metern Höhe erhalten ist. Die zweischalige Außenmauer war aus dem gleichen dunklen Basalt gebaut, der auch für die moderne Konservierung verwendet wurde. Drumherum verlief ein zwei Meter breiter und ein Meter tiefer Spitzgraben.

Von 1991 bis 1995 wurde das Kastell vom Denkmalamt untersucht und danach so konserviert, dass es einen guten Eindruck vom ursprünglichen Aussehen des Kastells in seiner letzten Bauphase vermittelt. Rekonstruiert ist auch das Haupttor mit Turm, von dem aus die Soldaten die angrenzenden Limestürme und weit in das Lahntal sehen konnten.

Im Innern standen rechts und links Fachwerkbauten mit den Mannschaftsbaracken für die Soldaten. Die im Boden versenkten modernen Holzlatten zeigen heute die Umrisse. Vor den Bauten verlief ein überdachter Laubengang. Der Weg dazwischen war gepflastert, das Pflaster war bei den Ausgrabungen teilweise noch erhalten. Das Kastell kann beim Tag des offenen Denkmals besichtigt werden und ist Station bei der jährlich stattfindenden Pohlheimer Limeswanderung.

Der Holzheimer Sensationsfund: ein kleiner Münzschatz mit 34 Silberdenaren und einem Kupferass. Die älteste Münze stammt aus dem Jahr 69 n.Chr., eine Prägung des Vitellius. Die jüngste ist eine Münze des Mark Aurel, die spätestens im Jahr 176 geprägt wurde.

---

Von Hüttenberg kommend durch Langgöns hindurch in Richtung Holzheim fahren. Direkt hinter dem Ortausgang Langgöns unterquert man zunächst die große Autobahnbrücke der A 45, nach ca. 1 Kilometer biegt im Wald links eine Straße nach Grüningen ab, der man folgt. Das Kleinkastell liegt dann 250 m weiter im Wald auf der linken Seite, ist ausgeschildert.

# Schäferstadt Hungen

Zwischen Wetterau und Vogelsberg gelegen, umgeben von Seen und Bächen, bietet Hungen mit seinen 12 Stadtteilen zahlreiche Orte und Plätze, die zum Verweilen einladen. Fachwerkhäuser, Kirchen, alte Mühlräder links und rechts der Horloff, das Schloss und Burgen – immer etwas, das sehenswert ist.

Als einzige hessische Stadt mit einem hauptberuflichen Stadtschäfer betreibt man Landschaftsschutz und pflegt eine alte Tradition. Diese wird auch in der Hungener Käsescheune erlebbar, wo neben Schaukäserei, Käseschule, Gastraum und Genussladen, der „Erlebnisraum Schaf und Natur – unterwegs in den Wetterauer Hutungen" einlädt, alles um das Schaf, das Schäferfest, die Schäfer und die bedrohten Magerrasenflächen zu erfahren. Immer am letzten Augustwochenende in 'geraden' Jahren ist die Stadt mit dem Hessischen Schäferfest der Mittelpunkt der hessischen Schafzucht, das nächste findet am 27. - 28. August 2016 statt.

Hungen liegt am römischen Limes, der von der UNESCO zum Weltkulturerbe erhoben wurde und am Deutschen Limes Radweg. Dieser führt mit einer Anbindung auch nach Hof Grass, wo sich das Limesinformationszentrum des Landkreises Gießen befindet. Die gut durchdachte Ausstellung berichtet modern und anschaulich über die römische Besiedlung in Hessen und über das Thema „Wasser in römischer Zeit".

Wasser ist auch an anderen Stellen ein Thema: der Inheidener/ Trais-Horloffer See lädt zum Baden, Segeln und Surfen ein und am ersten Wochenende im August findet hier immer das große Seefest statt.

An den „Drei Teichen" zwischen Hungen und Nonnenroth findet man ideale Gelegenheiten zum Wandern, Walken oder zum Genießen der Natur. Neben dem attraktiven Freibad in der Kernstadt Hungen beginnt der neue Radweg nach Villingen und Nonnenroth, der sich auch gut als Inlinerstrecke eignet.

Der alljährliche, große Allerheiligenmarkt am 1. November ist ein Publikumsmagnet und weit über die Stadtgrenzen hinaus bekannt.

Ob Wandern, Radfahren, Schwimmen oder einfach nur Relaxen - ein Besuch Hungens im schönen Horlofftal lohnt sich immer!

Stadtverwaltung Hungen, Kaiserstraße 7, 35410 Hungen
Tel.: 06402 85-0, info@hungen.de

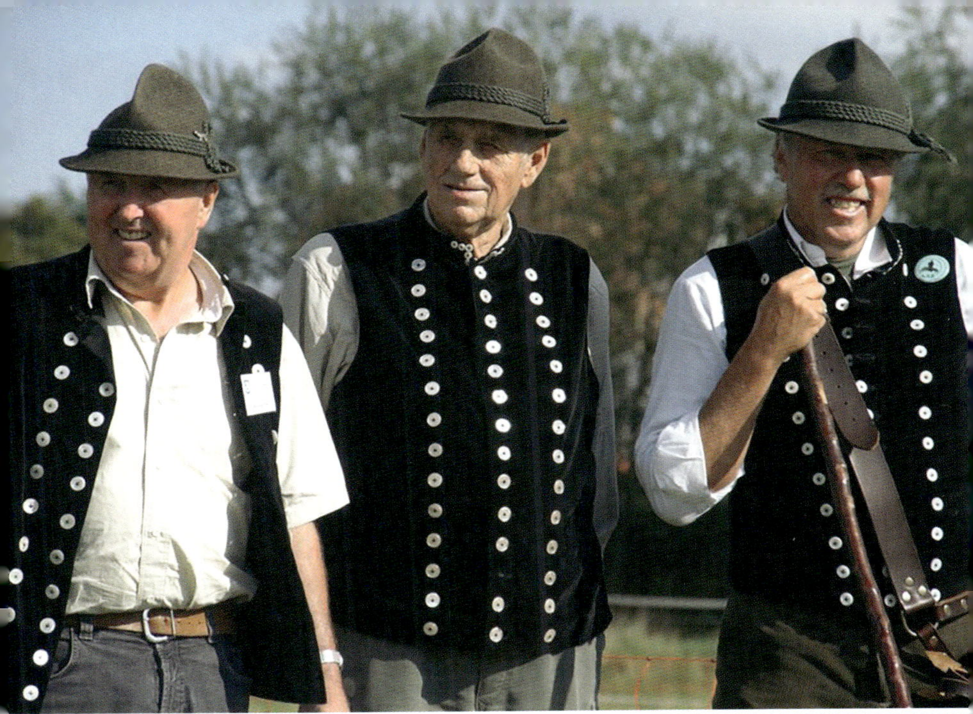

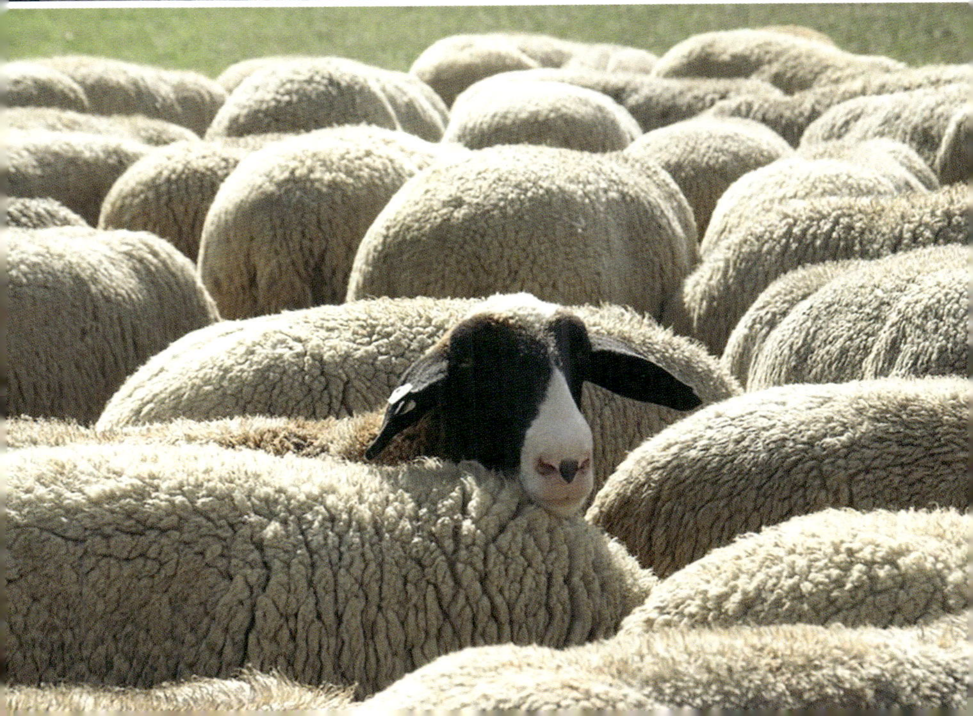

# 56 Naherholungsgebiet Drei Teiche
## Idylle in Fülle

Die „Drei Teiche" sind ein verwunschenes Naherholungsgebiet, zwischen Hungen und Nonnenroth im Stadtwald gelegen. Vom Wanderparkplatz an der L 3007 ist es ein knapper Kilometer zu Fuß. Rad- und Wanderwege führen um die Teiche, die bereits die Solmser Grafen als Fischteiche für ihre Untertanen im 17. Jahrhundert auf 15 Hektar haben anlegen lassen.

Reiher streifen über die fischreichen Teiche, Frösche quaken, in den Fluten tummeln sich Hecht, Karpfen und Schleie. Die mächtigen Bäume spiegeln sich auf der Wasseroberfläche. An den Teichen laden Schutzhütten und Ruhebänke zur besinnlichen Rast ein.

Hier haben wahrscheinlich bereits Menschen in der späten Hallstattzeit gesiedelt. Probegrabungen im Jahr 1928 brachten Hüttenspuren sowie Skelette und Metallschmuck wie einen Armreif und Gebrauchsgegenstände wie einen Nagel zu Tage. Die Teiche dienten ab dem 17. Jahrhundert als Fischteiche. Dokumentiert ist beispielsweise, dass in den Hubbacher See 500 Setzkarpfen und von den Nonnenröther Weihern je 400 Karpfen eingesetzt wurden. Damals dienten die Teiche hauptsächlich der Versorgung der Gemeinde mit Fastenspeise.

Die Hungener Seenplatte ist auch ein Paradies für Ufer- und Wasserpflanzen. Da die Seen nicht von einer Quelle und durchfließendem Gewässer geprägt, vielmehr auf Regen- und Schmelzwasser angewiesen sind, hat sich hier eine für Rand-, Ufer- und Wasserzonen typische Flora wie die weiße Teichrose angesiedelt. Hunderte Blüten bieten im oberen Teich im Sommer einen herrlichen Anblick. Auf dem mittleren Teich breitet sich dann der weiße Blütenteppich des Wasserhahnenfuß aus, und im unteren Teich schwimmen zu Tausenden die Blätter des Wasserknöterichs.

An der L 3007 zwischen Hungen und Nonnenroth

# 57 Erlebnisraum Schaf und Natur
## Der Natur auf der Spur

Der multimediale Erlebnisraum „Schaf und Natur – unterwegs in den Wetterauer Hutungen" ist auf Initiative der Stadt Hungen und als Maßnahme des LIFE-Projekts „Wetterauer Hutungen" entstanden. In der multimedialen Ausstellung wird das umweltrelevante Thema zum Erhalt dieser traditionellen und artenreichen Weideflächen im südlichen Landkreis Gießen und im nördlichen Wetteraukreis sinnlich erlebbar aufbereitet.

Heide ist nicht nur ein Vorname, Magerrasen sind reich an zahlreichen, selten gewordenen Tieren und Pflanzen. Wiese ist nicht gleich Wiese, und Steine leben doch. Im Erlebnisraum im Obergeschoss der Hungener Käsescheune kann man auf 65 Quadratmetern die artenreiche Tier- und Pflanzenwelt der Wetterauer Hutungen kennenlernen.

Die Dauerausstellung will informieren und unterhalten, deshalb ist Vielfalt Trumpf. Das Raumkonzept erlaubt es, begleitet von den „Helden" der Ausstellung – den Schafen – den Erlebnisraum zu erkunden. In der Filmecke wird ein für den Erlebnisraum produzierter Film gezeigt, der die Arbeit des Schäfers und die Anstrengungen im Naturschutz auf den Huteflächen in allen Facetten beleuchtet.

Die Hauptvitrine fasziniert mit ihren Pflanzen- und Tierpräparaten und macht den Reichtum der Magerrasenflächen durch beeindruckende Details deutlich. Interaktive Stationen mit aktueller Medientechnik bieten einen verständlichen Überblick über das Ausstellungsthema, Mitmachstationen laden ein, das eigene Wissen zu testen.

Neben vielen Informationen gibt es auch Möglichkeiten, sich spielerisch den verschiedenen Themenbereichen zu nähern. So können unterschiedliche Fell- bzw. Wollqualitäten gefühlt und die imposanten Gehörne verschiedener Schafrassen bestaunt werden. Auch in klassischen „Museums-Schubladen" gibt es einiges zu entdecken.

---

Im OG der Hungener Käsescheune, Brauhofstraße 3, 35410 Hungen, Telefon 06402 5188572. Führungen können bei der Hungener Käsescheune vereinbart werden. Man kann den Erlebnisraum jedoch auch sehr gut auf eigene Faust erkunden und erleben. Ö: Di–Sa 9–22 Uhr, So 11–22 Uhr.

# 58 Limesinformationszentrum
## Die Welt der Römer entdecken

Schwerpunkt in dem schönen, übersichtlich gestalteten Ausstellungsraum des Limesinformationszentrums ist das Thema Wasser. Denn das Hofgut Grass liegt inmitten einer wasserreichen Auenlandschaft der hessischen Senke. Das Hungener Wasserwerk ist ebenso nur wenige Kilometer entfernt wie das Römerkastell Inheiden, und last but not least sind die Oberhessischen Versorgungsbetriebe seit 2002 aus Gründen des Grundwasserschutzes Besitzer des Hofguts. Die OVAG fördert hier um die 16 Millionen Kubikmeter Trinkwasser jährlich und versorgt damit nicht nur die Region, sondern auch Frankfurt.

„Was lag da näher, als mit dem Thema Wasser ein Alleinstellungsmerkmal für das Limesinformationszentrum zu schaffen", fragten sich die Limesfreunde Hungen unter Vorsitz von Dirk Siebert, als es um die Einrichtung eines regionalen Museums im Rahmen des Limesentwicklungsplanes ging. Gedacht und getan: Auf übersichtlichen Schautafeln wird nun die Wasserversorgung in den Kastellen, die Entsorgung von Abwässern ebenso erklärt wie die Konstruktion einer römische Wasserleitung oder das Thema Bäder (Thermae), die nicht nur zur Reinigung, sondern auch der Freizeitgestaltung dienten. Sauna, Massage, kosmetische Anwendungen, Essen und Trinken, Fitness und Spiele – ein Angebot wie in unseren modernen Freizeitbädern. Ein Hit sind auf jeden Fall die Römersandalen, die es in fast allen Größen zum Anprobieren – versteckt in einer Museumsschublade – gibt.

Mit dem Thema Wasser können sich große und kleine Gäste auf dem nahe gelegenen Spielplatz beschäftigen, auf dem Wasser mit einem modernen, metallenen Spielturm und ganz viel Sand drum herum phantasievoll inszeniert wird. Zum Projekt gehört zudem der 3,5 Kilometer lange Rundweg zum Grasser Berg.

---

35410 Hungen, Hof Grass 5, südöstlich von Hungen an der B 457 zwischen Hungen und Rodheim, Telefon 06402 5080266, E-Mail liz@hungen.de, Ö: Mi 15–17, Sa 14–17, So 13–17 Uhr

# 59 Heimatmuseum
## Lust auf Heimat

In Obbornhofen steht das älteste Fachwerk-Rathaus des Landkreises Gießen, es wurde um 1550 erbaut und diente bis 1977 als Rathaus. An der vorderen Hausecke ist sogar noch der alte Pranger, ein eiserner Halsring mit einem Stein darunter, erhalten geblieben. Heute kann man sich in den schön renovierten Räumen trauen (lassen) oder feiern. Hier finden auch regelmäßig Sonderausstellungen zu Themen wie „Der Zahnarzt auf dem Land" oder „Die Entstehung des Roten Kreuzes" statt.

Gleich nebenan wurde bereits 1967 das Heimatmuseum in einer alten Hofreite von 1650, dem „Ge´mo Haus", eröffnet. Hier hat der rührige Museumsverein einige tausend Exponate zusammengetragen. Reisen Sie also zurück in längst vergangene Tage, in denen Schuhe noch von Hand gemacht wurden, vier Schulklassen in einem Klassenzimmer lernten, in denen Latwerge (Pflaumenmus) noch stundenlang im Wäschebottich gerührt wurde, die Gute Stube nur sonntags und bei besonderen Anlässen beheizt wurde oder als Matratze im Bett ein einfacher Strohsack diente.

Im Heimatmuseum Obbornhofen sind die Wohn- und Wirtschaftsräume noch in ihrer ursprünglichen Form zu sehen. Egal, ob gute Stube mit Kohleofen, Nähmaschine und Schlitten zum Ausschenken des Kaffees aus der Kanne oder Rex-Einmachgläser und Einkochtopf mit Thermometer und Gläserständer in der Küche oder ein Klassenzimmer mit original Kreidetafeln für die ABC-Schützen, handbetriebener Rechenmaschine und Lehrerpult. Das Spannende daran: „anfassen und ausprobieren sind ausdrücklich erwünscht", sagt Willy Zimmer, 1. Vorsitzender des Heimatvereins. So darf man – nicht nur während der Ferienspiele im Museum – auf der Strohmatratze Probeliegen oder die alten, etwas steifen und kratzigen Blusen, Hemden oder Gehröcke und Hüte aus dem Kleiderschrank anprobieren. Regelmäßige Veranstaltungen – vom Waschtag bis zur Modenschau im Museum – ergänzen das Programm.

---

Hungen-Obbornhofen, Oberhofstraße 2-4, Info: Heimatverein Obbornhofen, 1. Vorsitzender Willy Zimmer, Telefon 06036 981280 oder Stadt Hungen, Telefon 06402 85-0.

# 60 Obbornquelle
## Es plätschert der Brunnen mitten im Dorf

Die Qualität des Wassers, das tagtäglich aus der Obbornquelle aufsteigt, war bis ins vorige Jahrhundert von bester Qualität. Grund genug für Menschen, hier bereits vor mehr als 1200 Jahren zu siedeln. Der Ortsname des heutigen Hungener Stadtteils Obbornhofen leitet sich von „Oberenhouven" und „Über dem Born" ab.

Zu früheren Zeiten war die Obbornquelle Trinkwasserlieferant für die Bürgerinnen und Bürger, Treffpunkt für junge Leute, hier wurde Wäsche gewaschen, es wurden Neuigkeiten ausgetauscht und die Tiere zur Tränke geführt. Später wurde das Wasser in unmittelbarer Nähe der Quelle in einem Betonbecken aufgefangen, 1928 das Wasserhaus errichtet. Während des Zweiten Weltkriegs wurde das Becken als Brandweiher genutzt, verlor aber bald seine Bedeutung als Wasserreservoir und verkam.

Die Obbornquelle fördert pro Jahr etwa 470.000 Kubikmeter Wasser, das entspricht einer Menge von circa sieben Badewannen mit 120 Liter Inhalt pro Minute. Die Quelle ist ein artesischer Brunnen, also ein Brunnen in einer Senke unterhalb des Grundwasserspiegels, in dem Wasser unter Überdruck steht. Bohrt man einen solchen Grundwasserleiter an, steigt das Wasser ohne Pumpen bis zur Höhe der Grundwasserfläche aus der Tiefe auf.

1928 wurde das Wasser der Quelle an die Preussen Elektra nach Wölfersheim zur Kühlung des Kraftwerkes verkauft. Den Bürgern blieb jedoch das Recht auf kostenfreie Wasserentnahme für den Hausgebrauch. Nach Stilllegung des Kraftwerkes kaufte die Stadt Hungen den Brunnen zurück. Seit 1986 wird hier ein erhöhter Nitratwert gemessen, weswegen das Wasser nicht mehr getrunken werden sollte. 1996 wurde der Grundstein für die Umgestaltung zu einer Spiel- und Wasserlandschaft gelegt, 2004 das schöne Becken mit den Zuläufen fertiggestellt. Seither treffen sich hier wieder Kinder zum Planschen, Senioren zum Plauschen und Gäste des Dorfes zum „Kneipp'schen" Wassertreten.

---

Zwischen Brauhofstraße und Fallgärten, 35410 Hungen-Obbornhofen.
Ab Heimatmuseum ausgeschildert.

# 61 Der Schicksaal
## Eine neue Frisur ist wie ein neues Leben

Kunterbunt und phantasievoll beklebte Stühle, ein schulterhohes Holzpferd samt Sattel, ein grob zusammengezimmerter mobiler Tresen – man kommt bei einem Besuch im Schicksaal nicht aus dem Schauen heraus. Alte Fundstück und Antiquitäten sind als Station zum Frisieren aufgepeppt. Wer glaubt er wisse, wie es im Schicksaal aussieht, der irrt sich. Beim nächsten Mal ist garantiert alles anders! In einem ehemaligen Pferde- und Bullenstall im Hofgut Utphe hat sich Friseurmeisterin Natalie Tomasic ihren ganz eigenen Raumtraum erfüllt.

„Meine Leidenschaft ist und bliebt das Haare schneiden. Nichts anderes wollte ich auf meisterlichem Niveau beherrschen, und das, seitdem ich fünf Jahre alt war", erzählt Natalie. Im Schicksaal bekommt nicht nur jede Kundin und jeder Kunde eine neue, pfiffige Frisur verpasst, was ja auch schicksalhaft sein kann. Durch das Raumkonzept ist die Bühne unter der Woche auch der Arbeitsplatz der Haarverliebten und lässt sich am Wochenende sehr schnell zu einem stilvollen Ort der Zusammenkunft umwandeln.

Dann wird im Schicksaal auch Theater gespielt. Bekannte Kabarettisten und regionale Bands treten auf. Bei Ausstellungen sind die Werke regionaler Künstler zu sehen. Im integrierten kleinen Shop gibt's Kunsthandwerk aus regionalen Manufakturen. Bei Veranstaltungen verschwinden der mobile Tresen und die Arbeitsutensilien. Der mit Kunst und Kunsthandwerk, Plüsch und Plunder ausstaffierte Raum entfaltet dann seinen ganzen Charme. Man kann den Schicksaal für Theater-Workshops, Fotografie-Kurse aber auch für private Feiern mieten.

Das Hofgut Utphe wurde 1707 als Ökonomiehof der Grafen von Solms-Laubach erbaut. Das imposante, in sich geschlossene Fachwerk- und Backstein-Ensemble prägt noch heute das Ortsbild von Utphe. 1928 wurde das Hofgut von der gräflichen Familie verkauft, wird aber weiterhin landwirtschaftlich und gewerblich genutzt.

Weedstrasse 16, 35410 Hungen-Utphe, Telefon 06402 516915,
Termine nach Voranmeldung, Veranstaltungshinweise auf der Homepage
www.coiffeuserie-schicksaal.de

# Laubach
## Residenzstädtchen mit Charme

Wer sich der Residenzstadt der ehemaligen Reichsgrafschaft zu Solms-Laubach nähert, wird von deren anmutiger Lage überwältigt sein. In den engen Gassen der historischen Altstadt reihen sich die schön sanierten Fachwerkhäuser, manche 500 Jahre alt, wie Perlen auf einer Kette. Alle werden überragt vom imposanten Schloss, umgeben vom schönen Schlosspark, der im Stil eines englischen Landschaftsgartens angelegt ist. Die gräfliche Familie residiert hier seit dem 16. Jahrhundert bis heute. Neben dem Schloss erhebt sich die Stadtkirche. Grünemanns- und Engelsbrunnen, die verwinkelten Ecken und Häuser im „Grünen Meer - überall in der Altstadt finden sich Spuren jahrhundertealter Geschichte.

Hinter den alten Mauern lebt aber nicht nur die Geschichte, vielmehr ist das Residenzstädtchen quicklebendig und der Zukunft zugewandt. Das zeigt sich in der Fülle von kulturellen und touristischen Angeboten wie dem Hessischen Bluesfestival „Blues, Schmus + Apfelmus", dem Laubacher Lichterfest, der Orgelkonzertreihe „mixtur", den Schlossparkkonzerte sowie Garten- und Lebensart-Ausstellungen wie „La Villa Cotta" oder „Herbstzauber", die die Stadt Laubach weit über den mittelhessischen Raum bekannt gemacht haben.

Immer einen Besuch wert ist die facettenreiche Laubacher Museumslandschaft: Das Museum Fridericianum bietet Einblick in die traditionelle Handwerks- und Industriegeschichte. Im Puppenstuben-Museum kann man die einzigartige Sammlung historischer Puppenstuben der verstorbenen Prinzessin Monika von Hannover anschauen. In der großen Schlossbibliothek und dem Schlossmuseum kommt man bei einem Besuch ins Staunen. Vor den Toren der Stadt liegt der Erlebniswald „Grünes Meer". Das ist mit Baumhöhenweg, Robin-Hood-Dorf, Wildgehege und Aussichtsturm der Hit für Kids.

Ein Team von Stadtführern bietet eine Reihe von attraktiven Führungen an, bei denen die Gäste die Geschichte von Schloss, Stadt und Region kennenlernen können.

---

# 62 Evangelische Stadtkirche
## Hier sitzt die „Herrschaft" in der ersten Reihe

Von außen schlicht, innen prächtig! Bescheiden versteckt sich die Evangelische Stadtkirche (ehemals St. Marien) auf einem kreisrunden Platz zwischen Schloss und den Fachwerkhäusern am Marktplatz. Dabei beherbergt sie einige Ausstattungsgegenstände von kunstgeschichtlicher Bedeutung und ist hessisches Kulturdenkmal. Zwei Baustile prägen die Kirche, die erstmals 1057 erwähnt wird: Chor, Turm und das Querschiff sind romanisch beziehungsweise frühgotisch, das Langhaus barock.

Zu den Besonderheiten der Kirche zählt der Grafen- oder Herrschaftsstuhl von 1735, verziert mit einer reichgeschnitzten Bekrönung. In einem von einem Strahlenkranz umgebenen vergoldeten Dreieck stehen die hebräischen Buchstaben יהוה. Jhwh ist der Eigenname des Gottes Israels. So findet man in der ehemals katholischen Kirche, die unter Graf Friedrich Magnus zu einer evangelischen wurde, trotz Reformation das Bekenntnis des protestantischen Regenten zum Alten Testament.

Der Grafenstuhl ist ein prächtiges Exemplar ganz in Blau mit goldenen Applikationen. Ob dabei die Farben des Grafenhauses, blauer Löwe auf goldenem Grund, oder die Farbe der Mutter Maria zitiert wird, ist nicht bekannt. Auf jeden Fall war die Farbe Blau eine besonders wertvolle, weil schwer herzustellende.

Noch heute ist der Grafenstuhl über einen Gang direkt vom Schloss her zugänglich, und auch das mittlere Fenster kann wie einst versenkt werden. Durch das geöffnete Fenster hatte der Souverän die Möglichkeit, direkten Einfluss auf den Gottesdienst unterhalb seines Fensters zu nehmen oder den Kirchgängern huldvoll zuzuwinken.

In der Kirche befinden sich auch die prächtigen Grabdenkmäler von Solmser Grafen wie das Alabaster-Grabmal des Grafen Friedrich Magnus I. Noch mehr spannende Geschichten erfährt man bei einer „gewandeten" Kirchenführung.

---

Kirchplatz, 35321 Laubach, Telefon Kirchengemeinde 06405 950804,
Ö: April-Oktober Do-Sa 10-18, So 12-18 Uhr und nach Vereinbarung,
www.laubach-evangelisch.de

# 63 Fridericianum
## Geschichte(n) entdecken

In dem schlichten Gebäude, das 1750 im Ortsteil Gonterskirchen als Jagdschloss errichtet und 1832 nach Laubach versetzt wurde, wurde Laubacher Schulgeschichte geschrieben. Von 1875 bis 1922 war hier ein Gymnasium, das nach seinem Gründer, dem Grafen Friedrich „Fridericianum" genannt wurde. In der ersten Etage sind die zwei sehr modern konzipierten Ausstellungsräume „ora et labora" zu finden, die sich der interessanten Bildungs- und Schulgeschichte in der Grafenresidenz widmen.

Es waren nämlich die Grafen Solms-Laubach, in der Zeit des Pietismus, der wichtigsten Reformbewegung im Protestantismus, die Bildungs- und Wohlfahrtseinrichtungen sowie die wirtschaftliche Entwicklung in Laubach förderten. Immerhin zehn Stunden Unterricht gehörten zum Pensum der Schüler. Gelehrt und gelernt wurden aus dem Katechismus, Musik, Latein, Griechisch und Naturwissenschaften. Bedürftige Schüler konnten ein gräfliches Stipendium erhalten.

Um 1600 unterrichteten zwei Lehrer und die beiden Stadtpfarrer an die 100 Schüler. Dreißig Jahre später beendeten Pest- und Kriegsjahre die glanzvolle Zeit der Laubacher Schule. Wenn Sie wissen wollen, wie der genaue Lehrplan im 16. Jahrhundert aussah oder wie es mit der Ausbildung von Mädchen stand, dann gehen Sie auf Entdeckungstour im Fridericianum.

Die weitere Zeitreise durch die Laubacher Geschichte im Obergeschoss gibt Einblicke in die Handwerks- und Industriegeschichte inklusive der Friedrichshütte, Kultur- und Kirchengeschichte, der Geschichte des Grafenhauses und macht bekannt mit „Laubacher Leut'" wie den Klipsteins, Goethefreund Rat Crespel oder dem Begründer der Buderus-Werke, Johann Wilhelm Buderus I. Auch die Geschichte der Baumkircher Gesellschaft, der Tabakverarbeitung oder vom Landarzt mit seinem höchst ungewöhnlichen Fahrrad wird erzählt.

Friedrichstraße 9, 35321 Laubach, Telefon 06405 921602, Ö: Sa/So 14.30-16.30 Uhr, jeden 1. Mi im Monat 10-12 Uhr und nach telefonischer Vereinbarung. www.museum-fridericianum.de

# 64 Grünes Meer
## Abenteuer im hessischen Sherwood Forest

Das „Grüne Meer" bei Laubach ist der hessischen Sherwood Forest, und der hessische Robin Hood heißt Karl-Georg Graf zu Solms-Laubach. Er hat das weitläufige Waldgebiet (50 Hektar) in einen attraktiven Erlebniswald umgestaltet und der Öffentlichkeit zugänglich gemacht. Im „Grünen Meer" des Grafen kann man auf dem Waldentdeckungspfad Einblicke in den Natur- und Kulturraum Wald gewinnen, die Himmelsleiter erklimmen, auf komfortablen Waldliegen rasten oder einfach dem Rauschen der Blätter lauschen.

Die Erkundung startet man am besten in dem hölzernen begehbaren Widder, der imposant wie das Trojanische Pferd am Parkeingang thront. Von hier führt ein Bohlenweg hinein ins Abenteuer. Durch alte Laub- und Nadelwälder zur malerisch gelegenen gotischen Kirchenruine St. Valentin zum Beispiel. Weiter bergan kommt man an einer Naturwaldparzelle vorbei und muss sich nach dem steilen Anstieg erst einmal auf den zwischen Baumriesen gespannten hölzernen Hängematten ausruhen.

Dann wartet die Himmelsleiter. Der 35 Meter hohe, vierstöckige, luftig konstruierte Aluminiumturm mit Aussichtsplattformen auf jeder Ebene will erklommen werden. Von ganz oben kann man – Schwindelfreiheit und gute Kondition vorausgesetzt – den atemberaubenden Ausblick auf das grüne Blättermeer zu seinen Füßen und wahlweise in den hohen Vogelsberg oder auf die Frankfurter Skyline genießen.

Vorbei an einem Köhlerdorf geht es hinunter zum Wiesental des Höllerskopfbaches. Hier führt ein Holzsteg nahe an den Bach, und man kann mit etwas Glück Rehe und andere Wildtiere beobachten. Weitere Attraktionen am Wegesrand: das Robin-Hood-Dorf, Sinnespfad, Wald-Xyolophon oder Streichelzoo zum Beispiel. Die ganze Tour kann man auch mit dem urigen Wald-Taxi machen.

---

35321 Laubach, an der B 276 zwischen Laubach und Schotten, Telefon 06405 502362, Ö: Mi-So 10-18 Uhr, www.gruenes-meer.de

Robin Hood Dorf
Abenteuerspielplatz

Benutzung ohne A...

# 65 Hotel „Bunter Hund"
## Nomen est omen

Der bunte Hund sitzt vor der Türe, ist ein Mops mit blauer Pfote und blauem Ohr. Er stimmt ein auf das originelle Interieur des Hotels, in dem Kunst der 1960er und 1970er Jahre aus der Sammlung des Kunstliebhabers und Sammlers Karl-Georg Graf zu Solms-Laubach die Gäste empfängt. Im Hotel Bunter Hund trifft Kunst auf moderne Funktionalität, Charme auf antike Stücke wie ein elegantes Reitpferd en miniature.

Bis in die 1980er Jahre war das Schlosshotel „Bunter Hund" ein Krankenhaus. Im Zweiten Weltkrieg diente es als Lazarett, danach war im Zweckbau ein Teil des Laubacher Sozialzentrums untergebracht, Leerstand folgte, und seit 2008 beherbergt der Komplex den „Bunten Hund". Der Name ist Programm. Ganz schön bunt ist es nämlich auf den Fluren, in den individuell eingerichteten Zimmern und den kunstvoll bemalten Bädern des originellen Hotels. Kunstwerke, Gemälde und Skulpturen sind Leihgaben aus dem Privatbesitz des Laubacher Grafen, der mit Leidenschaft Kunst der 1960er und 1970er Jahre sammelt. Die hat als Ausstellung „Unter den Linden" in Berlin bereits 100.000 Besucher begeistert.

In den Badezimmern der 20 Einzel- und Doppelzimmer darf sich der Gast auf einige Überraschungen gefasst machen: Hier haben die regionalen Künstler Pfisterer und Krahforst Badeszenen – oft mit nackten, fülligen Schönen – aus großen Werken von Liebermann bis Gauguin, von Monet bis Renoir, von Spitzweg bis Hodler aufgegriffen, frei interpretiert und auf die Wand gebannt.

Als Gast darf man also gespannt sein, ob nun eine laszive Nackte in verführerischem Rot oder in wildem Grün das Badezimmer ziert. Ebenso phantasievoll wie die Bäder sind auch die Zimmer – von verspielt romantisch bis funktional-modern – eingerichtet.

Schottener Straße 2, 35321 Laubach, Telefon: 06405 5069800, www.schlosshotel-laubach.de

# 66 Klipsteinturm
## Ein Platz für Dichter und Denker

Felix Klipstein, geboren 1880 in Gent, entstammte einer angesehenen Lauterbacher Familie, wuchs in Belgien auf, kam als 13-jähriger in die Stadt seines Vaters, um das Gymnasium Fridericianum zu besuchen. Nach dem Abitur studierte er zunächst Architektur. 1905 ließ er sich in München zum Radierer ausbilden. Dazwischen: wilde Wanderjahre durch Italien, Südfrankreich, Spanien. Seinen festen Wohnsitz hatte Felix Klipstein während dieser Zeit aber immer im ehemaligen „Kriegerturm" in Laubach, den ein Großonkel ihm und seinem Bruder August überlassen hatte. Der Turm ist nach seinen Besitzern des vorletzten Jahrhunderts benannt, der Familie des Malers Felix Klipstein und seiner als Literatin bekannten Frau Editha, geborene Blass.

1909 beschloss er, mittlerweile mit Editha verheiratet, „in der Heimat anzubauen, was er in der Fremde gelernt hatte". In der Heimat wurde aus dem in Licht und Farbe schwelgenden Spätimpressionisten ein Grafiker, nur Linien und Formen verpflichtet. Vorlagen für seine Werke: Häuser. Bäume, Tiere, Menschen seiner oberhessischen Heimat. 1931 erhielt Felix Klipstein den Dürerpreis der Stadt Nürnberg.

Felix und Editha Klipstein waren eingebunden in das Geistesleben ihrer Zeit. Deswegen waren viele namhafte Künstler und Denker – von Le Courbusier bis Käthe Kollwitz – bei ihnen in Laubach zu Gast. Allerdings nicht im Klipsteinturm, vielmehr im Waldhaus, in das die Klipsteins in den 1930er Jahren umgezogen waren.

Der Klipsteinturm ist auch der letzte sichtbare bauliche Rest der Laubacher Stadtbefestigung. Unten gemauert, oben Fachwerk, davor eine Bank, ein mächtiger Baum und drum herum Blumenkübel – so präsentiert sich das romantische Plätzchen.

---

Auf der Planke 11, zwischen Unterer Langgasse und Bahnhofstraße, 35321 Laubach

# 67 Wilhelm-Alban-Ofenmuseum
## Hier wird Ihnen eingeheizt!

Wer kennt sie noch, die alten Küchenherde aus Gusseisen oder aus emailliertem Eisenblech? Die bullerten, prasselten und verströmten eine angenehme Wärme, wenn man sie mit Holz oder Kohle fütterte. Ein solcher weiß emaillierter und kunstvoll bemalter Küchenherd ist ein kleines Kunstwerk und einer von mehr als 200 Öfen, die Wilhelm Alban in seinem 2005 eröffneten Ofenmuseum zeigt. Einer der ältesten ist ein gut 250 Jahre altes Prunkstück in Grün aus Italien. Eine Seltenheit ist der Plattenofen, komplett gefertigt von Buderus in Hirzenhain im Vogelsberg.

Bis zum 19. Jahrhundert entstand eine Fülle von Zimmeröfen der unterschiedlichsten Bauart: Etagenöfen, Zirkulieröfen, Kassettenöfen, Säulenöfen, Pyramidenöfen, Urnenöfen oder Margarethenöfen. Viele davon sind in Albans Ofenmuseum zu sehen.

Neueren Datums ist der Nachkriegs-Badezimmerofen, den man mitsamt der kupfernen Badewanne bestaunen kann. Mit dem Badezimmerofen mit Brennkammer im Unterteil und Wasseraufsatz aus Kupfer obenauf wurde geheizt und heißes Wasser für das samstägliche Bad bereitet. Alle ausgestellten Öfen sind betriebsbereit. Darauf legt Wilhelm Alban, Museumsgründer und Seniorchef bei Alban Technische Anlagen GmbH, größten Wert.

Zusammengetragen haben Wilhelm Alban und Gattin Liesel die Exponate in Deutschland, Österreich und Italien, auf Flohmärkten und bei Haushaltsauflösungen, bei Antikmessen. Oft würden ihm auch Öfen angeboten, erzählt der Sammler. Manche Stücke sind noch passabel erhalten, andere beinahe schrottreif. Alle werden aber in der Werkstatt mit viel Liebe und Sachkenntnis restauriert. Ebenfalls im Ofenmuseum zu sehen: die komplett eingerichtete Spenglerwerkstatt des Firmengründers Friedrich Alban, der 1888 das Spengler- und Installationsgeschäft gründete.

---

Wilhelm-Alban-Ofenmuseum, Zum Tiergärtner Teich 9, 35321 Laubach, www.wilhelm-alban-museum.de, Besichtigungstermine können unter 06405 1514 vereinbart werden.

# 68 Puppenstubenmuseum
## Die Welt im Kleinen

Küchen, Kaufmannsläden, „Gute Stuben" und Schlafgemächer, gar ein Schwimmbad – alles voll möbliert mit den Möbeln, Accessoires, Geschirr und Gebrauchsgegenständen der Zeit, in denen diese Welten en miniature entstanden sind, lassen nicht nur Kinderherzen höher schlagen. Ihre umfangreiche Sammlung wertvoller Puppenstuben brachte Ihre Königliche Hoheit Prinzessin Monika von Hannover nach dem Bau des Puppenstubenmuseums in ihre Heimatstadt Laubach zurück.

In einer ehemaligen Scheune nahe des Laubacher Schlosses haben die zahlreichen Puppenstuben und andere Welten in Klein ein modernes, stilvolles Zuhause gefunden. Die Ausstellung zeigt in drei Räumen, gegliedert in Epochen von Biedermeier, Gründerzeit bis Jugendstil, insgesamt 80 Puppenstuben, -häuser und andere Lebenswelten. Mit dem repräsentativen dreigeschossigen Puppenhaus im ersten Raum der Ausstellung sollen bereits die Vorfahren der Prinzessin gespielt haben.

In einem Kaufmannsladen findet man bei genauer Betrachtung nicht nur eine winzig kleine Registrierkasse und Waage, sondern auch Mini-Päckchen und -Döschen noch heute bekannter Marken wie Erdal oder Maggi. In der Badeanstalt (um 1910) rekeln sich Damen im Badekleid und Herren im Long John. In der Apotheke reihen sich winzige Glasfläschchen und pharmazeutisches Gerät aneinander – alles klitzeklein und von Hand gefertigt.

Eine der Puppenküchen ist üppig mit Kupfertöpfen, -pfannen und -geschirr ausgestattet. Sogar einige Hühner und Gänse gehören, wie damals üblich, zum Inventar. Denn wie sonst sollte man sich den Sonntagsbraten ohne Elektrizität, Kühlschrank oder Gefriertruhe frisch halten? Die Puppenküchen spiegeln wider, wie eine gut ausgestattete Küche des Biedermeier oder der Gründerzeit idealerweise ausgesehen hat.

---

Friedrichstraße 4a, 35321 Laubach, Telefon 06405 5053300, Ö: Di-Fr 14-17, Sa/So 11-17 Uhr. Mo Ruhetag. Für Gruppen ab 10 Personen empfiehlt sich eine Voranmeldung. www.puppenstuben-museum.com

# 69 Schlossmuseum
## Ja, so war'ns, die alten Rittersleut'…

Von der ehemaligen Wasserburg aus dem 13. Jahrhundert zum Laubacher Schloss – diese Entwicklung hat fast fünf Jahrhunderte gedauert. Denn der Ausbau der Burg kam erst im 16 Jahrhundert mit Friedrich Magnus, der als erster Solmser seinen ständigen Wohnsitz in Laubach genommen hatte, richtig in Schwung und wurde im 18. Jahrhundert abgeschlossen.

Heute bewohnen Karl Georg Graf zu Solms-Laubach und seine Familie das malerische Schloss. Im mächtigen Gewölbekeller des Ostflügels ist das Schlossmuseum untergebracht. Unter einer tonnengewölbten Decke wird historisch und gestalterisch gelungen ein Bogen über 500 Jahre Leben im Schloss gespannt.

Die Ausstellung verzichtet überwiegend auf Vitrinen, so können die Besucher Raumgefühl und Atmosphäre der beeindruckenden Räume erfahren. Betritt man beispielsweise den aufwendig bemalten Herrensaal mit Kreuzgratgewölben, Fliesenboden und gotischen Wandmalereien aus den Jahren 1556/57, die Jagdszenen darstellen, meint man das Klirren der Waffen, das Bellen der Hunde, den Hufschlag der Pferde und das Grunzen eines aufgestöberten Keilers zu hören. Der Eingang ist bewusst schmal gehalten, maximal zwei Personen passen in gebückter Haltung hinein. So sollte verhindert werden, dass der Saal in früheren, unsicheren Zeiten gestürmt werden konnte. Auf viele weitere Details wie den Ringelschwanz des mächtigen Keilers (Wildschweine haben gar keinen Ringelschwanz!) an der Wand weisen die fachkundigen Schlossführer hin.

Neben der Hofgeschichte kann man auch einiges über Volksbrauchtum im Laufe der Jahrhunderte erfahren. Wer also wissen will, was man für einen „Schnepfenheller" bekam oder woher die Redewendung „Der kann ihm nicht das Wasser reichen" stammt, der wird im Schlossmuseum bei einer Führung die Antworten finden.

Schloss Laubach, 35321 Laubach, www.schloss-laubach.de. Führung immer mittwochs um 15 Uhr. Gruppen melden sich unter 06405 91040 an.

# LICH

*Eingebettet zwischen Wiesen,*
*Feldern und Wäldern von*
*Vogelsberg und Wetterau*

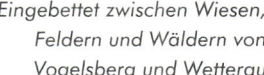

Ideal gelegen, um
– weit weg von Lärm und Hektik –
bei einem romantischen
Abendspaziergang oder Ausflügen
per Pedes, dem Rad oder Planwagen
zu prähistorischen Stätten
zu entspannen.

Eine historische Stadtführung in
den engen malerischen Gassen der
Altstadt oder eine Brauereibesichtigung
lassen Sie den Alltag vergessen.

Auch zum Nordic Walking, Joggen,
Reiten und Schwimmen im idyllischen
Waldschwimmbad oder einer Runde Golf
auf dem 18-Loch-Golfplatz ist unsere,
durch eine reichhaltige Tier- und Pflanzenwelt
geprägte wunderbare Naturlandschaft
wie geschaffen.

LICH MITTEN IN HESSEN

# 70 Kloster Arnsburg
## Ein Ort für kontemplative Einkehr

Kloster Arnsburg, von einer wehrhaften, gut erhaltenen, 1,6 Kilometer langen Mauer rundum umgeben, hat besonderen Charme. Dazu tragen vor allem die himmelstürmenden Chor-Ruinen der verfallenen Klosterkirche bei. Man betritt das Kloster durch das repräsentative, barocke Pfortenhaus. Von dessen Mitte heißt eine Figur des Bernard von Clairvaux mit Buch und Krummstab in den Händen die Gäste willkommen. Er ist Gründer des Zisterzienser-Ordens. Kloster Arnsburg, Baubeginn 1197, ist, wie das berühmte Mutterkloster Eberbach im Rheingau, eine Gründung seines Ordens.

Kloster Arnsburg war über die Jahrhunderte Zentrum des geistigen und kulturellen Lebens in der Region, hat wechselvolle und kriegerische Zeiten mal mehr, mal weniger unbeschadet überstanden. Aber über sieben Jahrhunderte bis zur Säkularisierung 1803 wurde die Anlage nach Zerstörungen immer wieder aufgebaut und erweitert, wertvolle Kunstschätze und Bücher angehäuft. Darunter eine umfangreiche, wertvolle Bibliothek, die sich heute im Besitz der Grafen Solms-Laubach befindet.

Zahlreiche Gebäude wurden erhalten und restauriert. So der Bursenbau (heute Studentenwohnheim) aus dem 13. Jahrhundert. Ort der Kontemplation damals und heute: die Ruine der dreischiffigen Klosterkirche. Sie misst in der Länge einschließlich Vorkirche und Kapellenkranz 85,30 Meter. Ein Dach gibt es nicht mehr, und so scheinen die reich mit Fresken und Kapitellen verzierten Mauern in den Himmel zu wachsen. Bei sonnigem Wetter und blauem Himmel eine wahrhaft göttliche Perspektive. Im gut erhaltenen Dormitorium, dem ehemaligen Schlafsaal der Mönche, mit wunderschönen Sandsteinbögen und einer aufwendigen Holzdecke aus dem 19. Jahrhundert, finden Ausstellungen und Konzerte statt.

---

Kloster Arnsburg, 35423 Lich, Telefon 06404 62198, www.kloster-arnsburg.de

# 71 Marienstiftskirche
## Dem Stifter sei Dank

Die um 1316 erbaute Marienstiftskirche mit zahlreichen Grabdenkmälern der Licher Herrscher und der um 1775 geschnitzten Arnsburger Kanzel ist eine der Sehenswürdigkeiten in Lich. Die hochbarocke, um 1775 aufwendig geschnitzte Kanzel dominiert den Kirchenraum.

Dargestellt werden in beinahe ekstatischer Körperhaltung die Kirchenväter Bernhard von Clairvaux, der erste Abt des Zisterzienser-Ordens, und Thomas von Aquin, Verfasser vieler religiöser Schriften und begnadeter Redner. Wegen seiner „honigsüßen" Reden wird er oft mit einem Bienenkorb gezeigt. Dritter im Bunde ist Leo der Große, Begründer des Papsttums. Die vierte Figur stellt Bonaventura, einen redegewandten Vertreter des Bettelordens der Franziskaner dar. Auf dem Baldachin wird Moses dargestellt, als er die Gesetzestafeln erhält. Alle Figuren wurden zwischen 1772-1774 von dem Bildhauer Franz Martin Lutz geschaffen.

Die stattliche Kanzel stammt aus dem nahe gelegenen Kloster Arnsburg und gelangte nach der Säkularisierung 1806 in die Marienstiftskirche, wo sie aber erst 1860 aufgestellt wurde. Sie hat die Form eines Abendmahlskelches in Form eines Fünfecks mit geschweiften Seiten und ist über eine schwungvoll um den Pfeiler herumgeführte Treppe, die man durch die kleine Sakristei betritt, zu erreichen. Das geschnitzte, mehr als mannshohe Kruzifix, das freischwingend über dem Altar schwebt, entstand im 16. Jahrhundert.

Ihre Entstehung verdankte die Kirche einer Stiftung Philipp III. von Falkenstein und der Verleihung der Stadtrechte an Lich am 10.3.1300. Im Jahr 1320 wurde sie zu Ehren der Gottesmutter Maria, des heiligen Martin und der heiligen Elisabeth geweiht. 1510 begann Graf Philipp die Kirche nach dem Vorbild der Heiliggeistkirche in Heidelberg und der Stadtkirche in Wittenberg zu einer spätgotischen Hallenkirche umzubauen.

---

Kirchplatz, 35423 Lich, Öffnungszeiten: April bis Oktober So 14-16 Uhr sowie nach vorheriger Anmeldung, Telefon Gemeindebüro 06404 62849, www.marienstiftsgemeinde-lich.de

# 72 Heiliger Stein
## Wenn Steine Geschichte(n) erzählen

Eines der ältesten menschlichen Zeugnisse in der Wetterau ist der Heilige Stein, eine jungsteinzeitliche Begräbnisstätte. Dominant: ein sieben Tonnen schwerer Menhir, der nördlich der Grabkammer steht. Das Megalithgrab liegt auf der Nordwestseite des 200 Meter hohen Wetterbergkopfes und ist um die 4500 Jahre alt. Heute liegt das Grab frei, über Jahrtausende war die Steinkammer von einem Erdhügel überwölbt. Die Lage ist exponiert: Weit schweift der Blick zur Burg Münzenberg, zum Taunus mit dem Feldberg oder bis in den hohen Vogelsberg.

Seine Bauweise mit ortsfremden Felsbrocken ist denen von im Burgund gefundenen Gräbern ähnlich. In der Entstehungszeit wurden auch die rätselhaften Anlagen bei Stonehenge oder die Nuragen auf Sizilien errichtet. Die mächtigen Steine wurden auf Rollen, über Blöcke und Rampen an Seilen und mit nichts als Muskelkraft aus der Umgebung von Münzenberg herangeschleppt, hat die Wissenschaft herausgefunden.

Das Grab wurde 1892/93 wiederentdeckt. 100 Gespanne Erde wurden abgetragen, bevor das Grabmal sichtbar wurde. Die tonnenschweren Decksteine waren stark beschädigt und teilweise gebrochen. Der Entdecker Friedrich Kofler lies das Megalithgrab als „Denkmal der Urgeschichte", herrichten. Dabei wurde der originale Zustand des steinernen Zeitzeugen jedoch seines Kontextes beraubt. Erst in den Jahren 1989 bis 1998 wurde der Ort von einem Gießener Professor und seinen Archäologiestudenten erneut eingehend erforscht, in aufwendiger Arbeit und mit dem Einsatz von technischem Gerät in der ursprünglichen Form rekonstruiert. Eine der größten Herausforderungen: die geborstenen tonnenschweren Decksteine zusammenzufügen. Dazu wurden die Steine angebohrt, gedübelt und mit einem speziellen Kleber gekittet. Diese Nahtstellen sind noch heute bei genauer Betrachtung zu entdecken.

---

35423 Lich–Muschenheim, außerhalb; Parkplatz am Heiligen Stein liegt an der Kulturhistorischen Wanderstrecke Muschenheim

# 73 Restaurant „Zum Heiligen Stein"
## Gastfreundschaft de luxe

Wer einen Blick in das Restaurant „Zum Heiligen Stein" in Lich-Muschenheim wirft, wird sofort dem eleganten Charme des Ensembles erliegen: helles Holz, herrlicher Garten und große Terrasse. Im hohen Gastraum mit gekalkten Balken und charaktervollem Burgunderstein-Fußboden sorgen ausgewählte Antiquitäten und Möbel, großflächige Gemälde und dezente Accessoires für Harmonie, Offenheit und ein entspanntes Wohlgefühl. Im Sommer sitzt man auf der wunderschön dekorierten Terrasse oder im lauschigen Gärtchen am Backhaus. Schon der erste Blick vermittelt: Hier ist man herzlich willkommen.

Der Holzständerbau des Restaurants wurde auf dem Areal eines ehemaligen Hofguts komplett neu errichtet. Beim Bau und bei der Inneneinrichtung haben der Bauherr und die Architektin Andrea Stuhlsatz größten Wert auf Individualität und Authentizität des Gesamt-Ensembles gelegt.

Ebenso authentisch wie die Architektur und das Ambiente des Restaurants ist das umfassende Gesamtkonzept dahinter. Das reicht von der Produktion hochwertiger Lebensmittel der Marke „Vom Heiligen Stein" auf der Neumühle, deren Verwertung und Vermarktung in der Restaurantküche und im Restaurant, bis zu regelmäßigen Backhaustagen und Genuss-Seminaren.

In der Küche führt Daniel Cornelius Regie. Er kocht weltoffen auf hohem Niveau und mit vielen selbst produzierten Zutaten. Beispielsweise von den Lämmern der circa 500-köpfigen eigenen Herde oder mit Eiern von glücklichen Hühnern, die mit dem Hühnermobil jede Woche auf eine neue Weide kutschiert werden. Außerdem hat Cornelius einen Garten, der nach seinen Vorgaben mit Gemüse, Salat und Kräutern bepflanzt wird. Das alles sowie exquisite Zutaten aus aller Welt findet man kreativ zubereitet auf der wöchentlich wechselnden Speisekarte wieder.

---

Am Kirchberg 1a, 35423 Lich-Muschenheim, Telefon 06404 6680908,
Ö: Mi–Fr 17.30–23, Sa/So 11–23 Uhr, Mo/Di Ruhetage,
www.zum-heiligen-stein.de

# 74 Krippenweg
## Ihr Kinderlein, kommet!

Das Jesuskind in der Krippe wird beschützt von einer ausladenden Wurzel, die Heiligen Drei Könige knien betend im Laub einer Baumwurzelhöhle, Engel sitzen im Moos oder schwingen in den Ästen – an die 60 selbst gebastelte, festliche Krippen und Figuren säumen den 800 Meter langen Krippenweg in Ober-Bessingen. Holzsterne weisen den Weg zu den manchmal etwas versteckten Szenen.

Initiiert wurde der Krippenweg von Karin Römer und der ortsansässigen Eichbaumgruppe, die im Dorfmittelpunkt eine 100 Jahre alte Eiche pflegt, alljährlich das Eichbaumfest organisiert und den Erlös für wohltätige Zwecke spendet.

Seit 2011 wird der Krippenweg in der Vorweihnachtszeit gemeinsam mit der evangelischen Kirchengemeinde neu gestaltet und avanciert zusammen mit der weihnachtlich beleuchteten Kirchenpforte und Kirchenführungen zu einer vorweihnachtlichen Attraktion in der Region. Wer in dieser Zeit den Besuch verpasst, kann das bis Mitte Januar nachholen. Erst dann werden die Krippen wieder abgebaut.

Angefangen hat alles mit einigen instand gesetzten Krippen vom Flohmarkt und einigen selbst gebastelten Figuren. Mittlerweile ist das ganze Dorf – vom ortsansässigen Holzfäller, der Bäume und Kerzen aussägt, bis zum Kindergarten und der Eichbaumgruppe – damit beschäftigt, klassische Krippenfiguren von Maria, Josef und dem Kind, Tiere, Krippen und Dekorationen selbst zu basteln oder auf Flohmärkten und Dachböden zusammenzutragen. Aber bitte kein Kitsch! „Alles soll zur natürlichen Umgebung des Waldes passen", sagt Initiatorin Karin Römer.

---

Start des Krippenweges ist am Waldweg 1 (an der Eiche, Dorfmittelpunkt), 35423 Lich-Ober-Bessingen. Der weihnachtliche Weg ist ganztägig geöffnet, samstags und sonntags beleuchtet. Am Wochenende gibt es auch Glühwein, Kaffee und Kuchen. Führung über den Weg und durch die historische Kirche nach Anmeldung bei Karl-Heinz Römer, Telefon 06404 1625 oder Helmut Römer, Telefon 06404 2187.

# 75 Stadtturm Lich
## Der „längste" Licher

Seit mehr als sieben Jahrhunderten prägt der fast 50 Meter hohe Stadtturm die Silhouette der Residenzstadt. Zu Beginn des 14. Jahrhunderts auf den Grundmauern einer mittelalterlichen Wehranlage errichtet, diente der Turm dem Schutz und der Verteidigung der Stadt. Um 1405 wurden die Obergeschosse ausgebaut und die großen Maueröffnungen verschlossen. 1625 erhielt das Licher Wahrzeichen, das zu den bedeutendsten Baudenkmalen Hessens gehört, eine Fachwerkhaube mit einer Wohnung für den Türmer. Noch heute kann man von innen und außen Spuren der drei großen Bauabschnitte erkennen.

Über die Licher Türmer werden mal mehr, mal weniger pikante Geschichten erzählt. Einer soll hier oben die Licher Damenwelt beglückt haben. Der letzte, Johann Adam Schmidt, lebte mit Ehefrau und 11 Kindern bis 1912 auf 36 Quadratmetern, verteilt auf vier Zimmerchen im Achteck des Turmhelms. Ein Relikt der bewohnten Zeit ist der Aufzug. Unter dem Dach sind noch die Mechanik und in den Zwischengeschossen die Durchlässe zu sehen. Mit dem handbetriebenen Aufzug wurden nicht nur Lasten und Lebensmittel nach oben gezogen, sondern auch Abfälle der Türmerfamilie nach unten abgeseilt. Apropos Seile: mit ihnen wurden bis 1960 auch die drei Stadtglocken geläutet.

Seit 2006 kümmern sich die „Turmfreunde" um Erhalt und Nutzung des Bauwerks. So wurde 2010 eine neue Besuchertreppe gebaut, die Einblicke in eine in Hessen einmalige historische Bausubstanz ermöglicht und gleichzeitig einen Rundblick über eine kleine Residenzstadt bietet. Durch den Verkauf der Stufen (pro Stufe 500 Euro) an Licher BürgerInnen und Geschäftsleute konnte das ehrgeizige Projekt von den Turmfreunden gemeinsam mit Stadt und Kirche finanziert und realisiert werden.

Im Turmverlies residiert eines der kleinsten Theater in Deutschland, und im Entree kann man sich trauen lassen.

---

Am Wall/Ecke Kirchplatz, 35423 Lich, Turmführungen von April bis Oktober jeden So 15 und 16 Uhr. Weitere Infos bei den Turmfreunden Lich, Hannelore Rischmann, Telefon 06404 2920.

# 76 Waldschwimmbad
## Hier können Sie abtauchen!

Mitten im Wald liegen die Albacher Teiche, eigentlich ein Natur- und Vogelschutzgebiet. Aber 7000 Quadratmeter sind jeden Sommer von Mai bis September für Wassernixen und andere Badegäste freigegeben. Der natürliche Swimmingpool wird von dem Verein Sport, Erholung & Kultur (SEK) Waldschwimmbad Lich e.V. betreut und betrieben.

Das Wasser im Badesee wird nicht wie in einem Schwimmbad behandelt, ist also weder gechlort noch aufbereitet, sondern ist natürliches Oberflächenwasser, das auch als Lebensraum für Pflanzen, Tiere und Mikroorganismen dient. Im Badebiotop sorgen kleine Planktonalgen für die grünliche Färbung des Wassers. Neben den regelmäßigen mikrobiologischen Untersuchungen wird die Sicherheit der Badegäste durch das Badegewässerprofil, das Strömungen, Zuflüsse und das Umfeld des Sees erfasst, geprüft und beschrieben.

Im Freibad mit aufgeschüttetem Sand am Ufer, Sonnenschirmen und Lounge-Möbeln sowie einer großen, von hohen Bäumen umrahmten Liegewiese ist es von Mai bis September ein bisschen wie an der Costa Smeralda.

Für das leibliche Wohl der Gäste sorgt das Team des Kiosk „LiWALDI" mit Bratwurst, Fritten, kalten Getränken, Eis und mehr. Attraktion für jüngere Badegäste: das fest verankerte Wasser-Trampolin für große Sprünge über dem Waldschwimmbad oder die Wasserrutsche.

Nach Abschluss der Badesaison 2015 wurde der Badesee von der Verschlammung gereinigt, so dass auch wieder der Drei-Meter-Sprungturm genutzt werden kann. Zudem ist ein separates Kinderplanschbecken entstanden. Sportliche und kulturelle Veranstaltungen vom Triathlon bis zu Konzerten, vom Sommer- bis zum Oktoberfest runden das Angebot im Waldschwimmbad ab.

---

Alte Gießener Straße, 35423 Lich, Kiosk LiWALDI Tel. 0176 84154407, www.sek-lich.de

# 77 Bergwerkswald
## Die Kraft der Natur erleben

Der Bergwerkswald wurde 1955 zum ersten Mal unter Naturschutz gestellt, 1972 zum zweiten Mal. Seit 2001 ist der Bergwerkswald Fauna-Flora-Habitat. Er umfasst ein gut 86 Hektar großes Waldgebiet zwischen Gießen und Linden, wobei 80 Prozent des Waldes zu Linden gehören.

Der Name stammt – Nomen est Omen – von den früher zahlreichen Bergwerken in diesem Gebiet. Die Eisen- und Manganerz-Vorkommen gehörten zu den größten in Deutschland und wurden zwischen 1843 und 1952 im Tagebau und Stollen-Bergbau abgebaut. Die so entstandenen Hohlräume verursachen noch heute von Zeit zu Zeit plötzliche Bodenabsenkungen.

Im Bergwerkswald befinden sich viele Seen, manche sind durch die Bombenabwürfe der Alliierten im Dezember 1944, die ihr Ziel verfehlten, entstanden. Aus den Bombenkratern wurden im Laufe der Jahre kleine Tümpel und Teiche, die Tieren wie Geburtshelferkröten, Wasserfröschen, einer großen Kammmolch-Population oder Wasserfledermäusen eine neue Heimat bieten. Außerdem gibt's Wasserpflanzen wie Teich- und Wasserlinsen, Seerosen und andere Ufervegetation.

Sehenswert sind auch einige der Gesteinsformationen im Wald. So erhebt sich beispielsweise mitten aus dem Wald über einem See ein etwa 15 m hoher Felsen, von dessen Spitze aus man einen guten Ausblick über die Wipfel der Bäume hat. Der Aufstieg ist zwar von forstamtlicher Seite wegen der Absturzgefahr nicht gestattet – aber es ist zu verlockend, den Gipfel zu stürmen! Außerdem befinden sich in der Nähe des Ortsteils Forst Hügelgräber aus der späten Eisenzeit.

---

Lage: zwischen Linden und dem südlichen Stadtrand von Gießen. Zwei schöne, etwa 3 Kilometer lange, Rundwanderwege führen vom Startpunkt in der Straße „Am Bergwerkswald" in Gießen aus durch den Bergwerkswald.

# 78 Historisches Wasserhaus
## Baudenkmal der Industriegeschichte

Das historische Wasserhaus Leih-gestern wurde 1907 gebaut und ist eigentlich ein Wasserbehälter, denn die Quellen, die ihn speisen, liegen etwa 300 Meter östlich entfernt auf dem Gelände des heutigen „Grillplatzes Leihgestern". Das Bauwerk erhielt eine gemauerte Portalwand aus gewaltigen Steinquadern aus Lungenbasalt mit rundbogigem Eingang sowie geschwungen, ausgreifenden Wangen. Der für den späten Historismus typische wehrhafte Charakter wurde durch große Vierkantblöcke als oberer Abschluss betont. Diese Bauweise verdeutlicht den damaligen Stellenwert des Wassers, denn das imposante Bauwerk sicherte einst die erste zentrale Wasserversorgung in Leihgestern. Es ist daher nicht nur ein Zeitzeuge, sondern auch ein „Technisches Denkmal" seiner Zeit und wurde deswegen in die Denkmalsrolle des Landes Hessen aufgenommen.

Doch bis dahin war es langer Weg, denn das Industriedenkmal verfiel, verkam zum Schuttablade-platz, wurde durch Vandalismus beschädigt. 2008 sollte das historische Gebäude nach Magistratsbeschluss abgerissen werden. Das rief einige engagierte Bürger auf den Plan, die die „Interessengemeinschaft zur Rettung des Wasserhauses Leihgestern" gründeten und den Abriss verhinderten. 2010 wurde das Wasserhaus restauriert, das Portal blieb erhalten und die Eingangstür wird seither von einem doppelköpfigen Kranich, dem Leihgesterner Wappenvogel, geziert.

Einblicke in die dunklen Kammern hinter der Fassade – wo sich einige Fledermäuse eingenistet haben - gewährt die rührige Interessengemeinschaft alljährlich beim Tag des offenen Denkmals oder nach Vereinbarung. Die Fassade kann man ganzjährig besichtigen. Außerdem hat man von hier oben einen schönen Rundblick über Leihgestern bis zur Main-Weser Bahn, vom Stoppelberg bei Wetzlar bis zum Dünsberg und Gleiberg.

---

35440 Linden–Leihgestern, Dresdener Straße (im Navi eingeben) und ganz durchfahren!
Vom Ende der Dresdener Straße knapp 5 Minuten zu Fuß.

# 79 Kirchberg
## Schöner die Glocken nirgends klingen

Der Kirchberg ist ein in sich geschlossener Ort, der auf einem Felsvorsprung nahe der Lahn zwischen Ruttershausen und Staufenberg liegt. Beinahe mystisch ist die Stille. Mit Sicherheit haben hier bereits die Germanen ihre religiösen Kulte gepflegt. Bis ins Mittelalter hielt man an der Friedhofsmauer zur Lahn hin Gericht. 1699 heißt es in einer alten Schrift, dass „das Opfergärtchen am Gericht liegend" sei. Mittendrin: die spätgotische Hallenkirche. Urkundlich wird die Kirche Kirchberg erstmals 1226 erwähnt, das jetzige Gotteshaus wurde zwischen 1495 und 1508 gebaut.

Die Bauweise der Kirche mit zwei ungleich großen Kirchenschiffen gibt Kunstgeschichtlern manches Rätsel auf. Sollte hier vielleicht eine noch größere, dreischiffige Kirche entstehen? Immerhin war die Kirche Mittelpunkt eines bedeutenden Gerichts, zu dem auch Lollar gehörte, und „Sendkirche". Der Ausdruck Send geht auf das Wort Synode zurück und bezeichnet die regelmäßig stattfindenden geistlichen Sittengerichte des Mittelalters und der frühen Neuzeit. Hier wurden Anzeigen und Beschwerden über Flüche, Zecherei, uneheliche Verhältnisse oder die Missachtung der Sonntagsruhe geahndet.

Der Kirchenraum beeindruckt durch seine schlichte Schönheit. Im Chorraum und in der Sakristei zeugen aufwendig gestaltete Grabplatten von einer Zeit, in der es Sitte war, dass die adligen Familien ihre Angehörigen in den Kirchen bestatteten.

Das original erhaltene Glockenspiel, bestehend aus drei Glocken aus den Jahren 1310, 1380 und 1432, ruft die Gläubigen noch heute zum Gottesdienst. Es ist eines der ältesten Geläute Deutschlands. Zu den weiteren wertvollen Stücken der Kirche gehören das fast überlebensgroße Kruzifix auf dem Altar, das noch aus der Originalbauzeit der Kirche stammt, und die schöne Rokoko-Orgel.

---

Kirchberg 2, 35457 Lollar, an der L 3475 zwischen Lollar und Ruttershausen

# 80 Konzertkammer
## Hier spielt die Musik!

Zum Kirchberg-Ensemble zählen neben der Kirche das 1718 erbaute Pfarrhaus mit Wirtschaftsgebäuden, das aus Sandstein gebaute Küsterhaus sowie ein 1712 im Süden der Lahnstraße gebautes ehemaliges Wirtshaus mit Wirtschaftsgebäuden. Seit 1975 gehört das Kirchberger Pfarrhaus mit angrenzenden Gebäuden der Familie des kunst- und musikinteressierten ehemaligen Uni-Präsidenten Professor Heinz Bauer, der Ende der 1990er Jahre einen der Ställe als „Konzertkammer" ausbaute.

Heute organisieren seine Tochter Jacqueline Bauer und ihr Lebensgefährte Peter Herrmann in der Konzertkammer und der Kirche alljährlich im Sommer bis zu sechs Jazz- und Weltmusikkonzerte. Und ist das Wetter im Sommer sonnig und warm, dann finden die Konzerte auch mal auf dem idyllischen Hof des Anwesens statt. Peter Herrmann stellt das Programm zusammen und schafft es, nicht nur herausragende Musiker aus der Region, sondern auch international anerkannte

Künstler – von Lulo Reinhardt, Markus Stockhausen bis Jasper van't Hof – zu engagieren.

Peter Herrmann selbst ist Musiker. Er produziert im eigenen Studio auf dem Kirchberg für regionale Musiker und den Mittelhessischen Kultursommer CDs, sowie für Künstler aus aller Welt.

Musiktraditionen aus allen Kulturen zusammenzuführen ist seine Intention. So wie bei der Combo „Rosas Heft", die alte, deutsche Lieder in Stil der Musica Popular Brasileira interpretieren und spielen. „Im brasilianischen Gewand erscheinen die alten Volkslieder in einem völlig neuen Licht. Im Altbekannten entdeckt man plötzlich völlig neue Facetten. „Guten Abend, gute Nacht" wirkt so, als hätte Brahms es an der Copacabana komponiert", sagt Peter Herrmann, Mitbegründer der Band.

---

Kirchberg 2, 35457 Lollar, Telefon 06406 1250, www.kirchbergforum.de

# 81 Arbeitersiedlung Kolonie
## Schaffe, schaffe, Häusle baue ...

Nichts war prägender in der Geschichte Lollars als die Gründung und Entwicklung des Buderus'schen Eisenwerks. Stadt und Umland haben durch diesen Industriebetrieb ein modernes, industriell geprägtes Gesicht bekommen. Das erste Hüttenwerk an der Lahn veränderte die zuvor ländlich geprägte Region nachhaltig. Neben die traditionsreiche Landwirtschaft trat die Industrie mit ihren Arbeitern und neuen Arbeitszeiten. Der Bedarf an Wohnraum für die explosionsartig wachsende Bevölkerung führte zu der Gründung von ganzen Ortsteilen für die Industriearbeiter, wie die Kolonie in Lollar zeigt.

Die Kolonie ist eine der ältesten, größten und attraktivsten Arbeitersiedlungen in Hessen. Erbaut wurde sie bereits vor dem 1. Weltkrieg. Sie zählt zu den wenigen, noch vollständig erhaltenen Wohnanlagen dieser Art. Erste Pläne für Arbeiterwohnungen wurden im Mai 1901 von Gießener Architekten angefertigt. Zunächst sollte die „Arbeitercolonie" sieben Doppelhäuser umfassen. Bereits Ende Januar 1902 waren die ersten beiden Häuser samt Stallgebäuden im Rohbau fertiggestellt. Insgesamt entstanden zehn Häuser mit 55 Wohnungen.

Den beiden Architekten Stein und Meyer gelang beim Bau zweierlei: Sie schafften Arbeiterwohnungen in großer Zahl, aber ganz im Sinn der Bauhaus-Architektur (hell, modern, mit Wohnküche, Badezimmer und Gärtchen, das zur Ernährung der Familien beitragen sollte). Sie durchbrachen aber auch die Monotonie einer solchen Siedlung durch die Auswahl des Baumaterials, die geschwungene Linie der Häuserfronten und die unterschiedliche Gestaltung der Giebel. Heute sind die Backsteinhäuser weiß getüncht und mit roten Ziegeln abgesetzt. Davor steht das Eisengießer-Denkmal, ein weiteres Wahrzeichen der Stadt. Es erinnert an die frühere, harte Arbeit an den Hochöfen. Die Figur ist ein Eisenkunstguss, angefertigt von dem Bildhauer Walter Schubert und von der Firma Buderus gegossen.

---

35457 Lollar, Marburger Straße

# 82 Schmaadlecker-Brunnen
## Erste Sahne

Der „Schmaadlecker" ist ein Wahrzeichen der Stadt Lollar. Seine Geschichte reicht bis ins Mittelalter zurück. Lollar war einst als Marktflecken bedeutend, und von jedem Handelsreisenden wurde ein Brückenzoll verlangt. Der verhalf der Stadt zu einem gewissen Wohlstand, und es wurde landauf, landab kolportiert, die Bürger würden nur den „Schmaad" (Schmand) von der Milch ablecken, der Rest der Milch wäre gerade mal gut genug für die anderen. Heutzutage würde man dazu wohl „Absahnen" sagen.

Die Bronzefigur des Schmaadleckers, eines Lausbuben, der in der linken Hand einen Topf hält und mit der rechten genüsslich den „Schmaad" zum Mund führt, ziert ein Brunnenbecken vor dem Jugendstilhaus der ehemaligen Gemeindeverwaltung. Die 1,50 Meter große Bronzefigur wurde 1986 von dem Künstler und Bildhauer Alf Becker entworfen. Anlässlich des Schmaadlecker-Marktes wird der Knabe gern mit einer bunten selbstgestrickten Mütze, einem ebensolchen Schal und einer Schürze eingekleidet.

Denn er ist auch Namensgeber für den jeden 1. Sonntag im September stattfindenden Markt. Hausgemachte Wurst, selbstgemachte Marmelade, türkische, russische oder italienische Spezialitäten – für das leibliche Wohl sorgen dabei die in Lollar ansässigen Gastronomiebetriebe, Geschäfte, Vereine und auch Privatpersonen. Daneben gibt es zahlreiche Marktstände mit bunt gemischtem Sortiment. Musik und Darbietungen der ortsansässigen Vereine sorgen für den passenden Rahmen des Regionalmarktes, der anlässlich der Verleihung der Marktrechte 1974 an Lollar zum 25-jährigen Jubiläum im Jahr 1999 aus der Taufe gehoben wurde.

35457 Lollar, Marburger Straße 30

# 83 Zentralheizungsmuseum
## Energie sparen mit Köpfchen

Die Geschichte Lollars ist eng mit der Geschichte von Buderus verknüpft und das Unternehmen Buderus mit der Entwicklung von Heiz- und Energietechnik. Denn als 1907 der letzte Hochofen in Oberhessen stillgelegt wurde, entwickelten sich die Buderus'schen Eisenwerke gänzlich zu einem Spezialwerk für Zentralheizungsprodukte.

Das Zentralheizungsmuseum wurde 1973 in räumlicher Verbindung zum Informationszentrum eröffnet und ist das erste speziell auf die Geschichte der Zentralheizungstechnik ausgerichtete Museum. Es befindet sich in dem um 1880 erbauten Industrieschlösschen. Zu den Exponaten gehören von der Hypokausten-Heizung der Römer, dem Dampf- und Heizkessel, der Regelung von Zentralheizungsanlagen bis zur aktuellen Brennwerttechnik mit dem entsprechenden Anschauungsmaterial.

Bei einer unterhaltsamen Führung werden jede Menge Details über die Geschichte und Entwicklung moderner Heizsysteme vermittelt. Energiesparen ist nämlich nicht ein Thema der Neuzeit, vielmehr überlegte bereits Friedrich der Große in den 1750er Jahren, wie man den Verbrauch von Feuerholz reduzieren könnte. In diesem Sinne wurden gusseiserne Öfen mit abnehmbaren Platten ebenso entwickelt wie Dampfkessel und Kachelöfen, die Vorläufer einer Zentralheizung bis Wechselbrand- und Brennwertkessel.

Als Bestandteil der Zentralheizung werden auch Radiatoren präsentiert. Ein repräsentativer Querschnitt zeigt ihre Entwicklung seit Ende des 19. Jahrhunderts. Guss-, Stahl- und Porzellanradiatoren sind in verschiedenen Formen und Ausführungen zu sehen, hierzu gehören auch kunstvoll verzierte Heizkörper wie ein zweisäuliger Buderus-Gussradiator mit Wärmeschrank aus dem Jahr 1910. Als Weiterentwicklung wird ein leichter Radiator „to go" aus Plastik ebenso vorgeführt wie modernste Brennwerttechnik. Armaturen, Regler und Pumpen runden die Darstellung der Geschichte der Zentralheizungstechnik ab.

---

Justus-Kilian-Straße 1, 35457 Lollar; das Buderus-Informationszentrum befindet sich innerhalb des Werkes Bosch Thermotechnik, Zufahrt über das Haupttor an der Bahnhofstraße, Ö: werktags von 9-16 Uhr, nur nach Voranmeldung, Telefon 06441 4182338

# 84 Hofgut Friedelhausen
## Gemeinsam leben und arbeiten

Im Wald zwischen Sichertshausen und Odenhausen, nahe dem Altarm der Lahn, liegt das idyllische Hofgut Friedelhausen. Das älteste Gebäude, die Friedelhäuser Burg, stammt aus dem Jahr 1564, die anderen wurden zwischen dem 17. und 19. Jahrhundert errichtet. Einer der Vorbesitzer war Freiherr Adalbert von Nordeck zu Rabenau, der 1848 in Frankfurt als Jurist und Diplomat in der Paulskirche im Vorparlament saß. Dank der großen Mitgift seiner Gattin Clara Phillips aus England konnte die Familie das Hofgut kaufen. 1850 ließ er das oberhalb des alten Hofguts gelegene Schloss Friedelhausen im prägnanten viktorianischen Stil erbauen. Durch Adalberts Tochter Louise, die das Anwesen erbte, wurde Friedelhausen zu einem Treffpunkt für schöngeistige Freunde. Unter ihnen: der Dichter Rainer Maria Rilke und der Naturforscher Jakob von Uexküll.

Das sogenannte „Alte Schloss", ein 500 Jahre alter Gutshof, wird seit 1982 von der Hofgemeinschaft für heilende Arbeit mit neuem Leben gefüllt und ist wieder zu dem geworden, was seine einstige Bestimmung war: ein florierender Gutsbetrieb, ein Ort, der Menschen verbindet. 80 behinderte und nicht behinderte Menschen betreiben Land- und Milchwirtschaft, eine Hofkäserei, eine Metzgerei und bewirtschaften einen herrlichen Garten – alles nach den streng ökologischen Richtlinien der biologisch-dynamischen Landwirtschaft. Die „Jahreszeitenwerkstatt" stellt Figuren, Gebrauchsgegenstände und Accessoires aus Vollholz her. „Das Heilende aus dem Namen kommt dabei den Menschen ebenso zugute wie den Tieren, Pflanzen, dem Boden – kurzum, dem gesamten Umfeld dieses schönen Platzes", sagt Bettina Brandt, Pressebeauftragte der Hofgemeinschaft. Das spürt man auch als BesucherIn! Im bunten Hofladen findet man ein reichhaltiges Angebot an hochwertigen Lebensmitteln und anderen auf dem Hof erzeugten Produkten.

---

Hofgut Friedelhausen, Lollar, OT Friedelhausen, Ladenöffnungszeiten: Di/Fr 9.30–13 und 14–18 Uhr, Telefon 06406 916520, www.friedelhausen.de. Für Besucher, die das Hofgut gern kennenlernen möchten, bietet die Hofgemeinschaft auf Anfrage Führungen mit einem Imbiss aus hofeigener Demeter-Produktion an.

# 85 Schmelz-Mühle
## Die Kochen mit Leidenschaft

Bereits der Weg durchs grüne Tal der Salzböden, wo Schafe und Kühe weiden und in zauberhafter Lage die historische Schmelz-Mühle zur genüsslichen Einkehr auf die herrliche Sommerterrasse oder in die rustikalen Gaststuben einlädt, ist ein Genuss. Schon der reisefreudige Dichter Rainer Maria Rilke, der sich 1905 einige Monate im nahegelegenen Schloss Friedelhausen aufhielt, hat das Salzbödental als landschaftlich besonders reizvoll beschrieben.

In der ehemaligen Getreidemühle wurde bis 1986 gemahlen, seit 1844 ist die Schmelz-Mühle im Besitz der Familie Jung. Angefangen hat alles als Sommerwirtschaft, die die Familie neben der Landwirtschaft und dem Mühlenbetrieb führte. Heute sind die Juniorchefinnen Kathrin und Lisa Jung, beide gelernte Hotelfachfrauen, für den frischen, regionalen Schwung im Mühlengasthaus zuständig. In der Küche führt Eric Schneider Regie, ein echtes Lollarer Gewächs. Gekocht wird ausschließlich frisch und mit viel Liebe zur Region.

Neben traditionellen hessischen Spezialitäten wie Schmelzer Grüne Soße mit Salzkartoffeln und zwei Bio-Eiern bringt er pfiffige neue Kreationen wie Lammbratwurst auf Rhabarber-Chutney, Wildgerichte, Forellen und Kreatives vom schwäbisch-hällischen Landschwein – alles ohne Zusatz von Geschmacksverstärkern – auf die Teller.

Beliebt ist die Schmelzmühle, direkt am Lahn-Rad- und Wanderweg gelegen, nicht nur bei den vielen Stammgästen, sondern auch bei Wanderern, Radfahrern und Kurzurlaubern, die die ruhige Lage des schönen Gasthauses mit seinem herrlichen Mühlengarten inmitten der Natur und die ausgezeichnete Küche schätzen. Von Mittwoch bis Sonntag gibt es in der Schmelz-Mühle Specials wie Herrenabend oder Sonntagsbraten. Mittwochs backt Oma Anna, stolze 83 Jahre alt, Waffeln nach ihrem alten Rezept.

---

Schmelz-Mühle, Schmelz 3, 35457 Lollar-Salzböden, Telefon 06406 3419, Ö: Mi–Sa ab 12 Uhr durchgehend warme Küche, So schließt die Küche um 20 Uhr. Mo/Di Ruhetage, www.schmelz-muehle.de

# 86 Schönemühle
## Vollendeter Kaffee- und Kuchengenuss

Der Mühlbach rauscht, das Wasserrad klappert und erzeugt Strom für den Hausgebrauch – die Schönemühle, erbaut 1710 und seit 1852 in Familienbesitz, macht ihrem Namen alle Ehre. Hier kann man im schön bepflanzten, lauschigen Innenhof, im kleinen Hofcafé oder im stilvoll eingerichteten Scheunencafé auf dem ehemaligen Heuboden gemütlich sitzen, direkt ins Salzbödetal schauen und die wunderbaren Torten und Kuchen von Konditormeister Thomas Walther genießen.

Gebacken wird mit viel Liebe zum Detail. Thomas Walther und seine Partnerin Selina Winkler, gelernte Konditorin, kreieren tolle Torten mit frischen Früchten, schokoladigen und cremigen oder sahnigen Füllungen – von der Schokosahne, die wie eine Mousse au Chocolat auf der Zunge zergeht, bis zur kunstvollen Schwimmbadtorte, in der sich Schichten von Stachelbeeren und Eischnee türmen. Inspirieren lassen die beiden sich von jahreszeitlichen Geschmackserlebnissen wie Früch-

ten, gern auch mal exotisch wie bei der Buttermilch-Zitronenschnee-Torte mit Mango und Himbeere, von Fachzeitschriften oder bei Messebesuchen. „Wir übernehmen aber nie ein Rezept 1:1, vielmehr versuchen wir immer allen Rezepten unsere persönliche Handschrift in der Umsetzung zu geben." Aber auch ganz Traditionelles wie Butter- und Zwetschgenkuchen stehen je nach Saison in der verführerisch bestückten Kuchenvitrine. Jahreszeitlich werden auch Plätzchen, Lebkuchen und Stollen gebacken oder leckere Pralinen gemacht.

In der Schönemühle wurde von Opa Konrad bis 2002 Getreide gemahlen und Landwirtschaft betrieben. Da es keinen Nachfolger für die Mühle gab, wurde die Inneneinrichtung der Mühle ins Museum nach Ginsheim-Gustavsburg und in den Hessenpark gegeben. 2006 wurde mit dem Umbau der Scheune und Tenne begonnen, 2007 das kleine Hofcafé und das Scheunencafé eröffnet.

---

Talstraße 81, 35457 Lollar–Salzböden, Telefon 06406 2557, Ö: Mi–Do/Sa+So 14–18 Uhr, Brunch nur nach Voranmeldung, www.cafe-schoenemuehle.de

# 87 Grüninger Warte
## Das Pohlheimer „Hoingdippe"

In aussichtsreicher Alleinlage auf 270 Metern ragt ein Turm, löchrig wie ein Schweizer Käse, in die Höhe. Burgturm? Einsames Verlies? Warte? Was heute noch zu sehen ist, ist der turmartige Unterbau einer Windmühle! Die wurde 1713 unter der Regentschaft von Graf Wilhelm Moritz zu Solms-Braunfels errichtet – war aber nur bis 1794 in Betrieb. Der Graf soll sich regelmäßig vor Ort über den Baufortschritt informiert haben. Er war sehr an technischen und industriellen Neuerungen interessiert und förderte zahlreiche wirtschaftliche Verbesserungen dieser Art, um den Wohlstand in seiner Grafschaft zu befördern.

Erklettert man heute den Turmstumpf, hat man einen weiten Rundblick bis zum Taunus, in die Wetterau, den Vogelsberg, nach Gießen und zum Limesverlauf auf Pohlheimer Gebiet.

Die ehemalige holländische Kappenwindmühle war zu ihrer Zeit ein Zeugnis des technischen Fortschritts, denn dieser Mühlentyp hatte eine drehbare Dachhaube, im Unterschied zu dem älteren Typus der hölzernen Bockenwindmühle, bei der sich das gesamte Mühlengebäude dreht. Diese Mühlenart wurde in Holland entwickelt und war daher auch unter dem Namen „holländische Mühle" bekannt.

Bereits zu Beginn des zwanzigsten Jahrhunderts wurde der Mühlenstumpf von der Denkmalpflege des Großherzogtums Hessen restauriert. Damals war noch der hölzerne Kranz erhalten, der einst die Kappe der Windmühle trug. Bei einer weiteren Restaurierung 1963 wurde der steinerne Stumpf zu einem Aussichtspunkt umgebaut. Seit 2009 trägt die Grüninger Warte den Titel „Schutzwürdiges Kulturgut" der Haager Konvention.

---

Am Ortsrand von Grüningen in Richtung Watzenborn weist ein Hinweisschild den Weg über eine kleine Asphaltstraße zur Warte. Parkmöglichkeiten gibt es an der Warte. Ö: keine festen Öffnungszeiten, in der Regel ist das Gitter am Eingang des Turms geöffnet.

# 88 Mitternachts-Kurt
## Immer nah, immer da

Von A wie Allzweck-Reiniger und Aku-Batterien bis Z wie Zwieback und Zwiebeln, bei Kurt Hormann gibt es auf knappen 110 Quadratmetern alles und noch viel mehr, was man für den Alltag braucht. Es dürfte schwierig werden, in den übervollen Regalen des Tante-Emma-Ladens, der hier ein Onkel-Kurt-Laden ist, nicht das Gesuchte zu finden.

Mouson-Antifalten-Creme, wie ich sie von meiner Mutter kenne, in der herrlichen Retro-Verpackung gibt es hier ebenso wie frische Brötchen, Nähgarn ebenso wie Feinbiberbettwäsche, Waschmittel ebenso wie Würstchen im Glas. Und das Beste: Kurt Hormann hat hier nicht nur sein Geschäft, sondern auch sein Wohnzimmer. So kann man bei ihm – nomen est omen – zu später Stunde nach der Chorprobe oder dem Stammtischbesuch ebenso einkaufen wie am Samstagnachmittag und zu den üblichen Geschäftszeiten des Lebensmitteleinzelhandels.

Aber nicht nur einkaufen kann man hier. Beim Shopping inklusive: der neueste Dorfklatsch und -tratsch, heimatkundliche Erklärungen, wirtschaftspolitische Dialoge über das Sterben des Einzelhandels auf dem Dorf. Manche Männer kommen auch einfach auf dem Weg von der Arbeit oder bei einem Stopp auf ein Bierchen beim Mitternachts-Kurt vorbei.

Kurt Hormann betreibt den Edeka-Markt seit mehr als 60 Jahren. „Damals, als es noch keine Supermärkte auf der ‚grünen Wiese' vielmehr einen Bäcker, Metzger und ein Lebensmittelgeschäft im Ort gab, ein gutes Geschäft. Heute kann ich von dem Laden eigentlich gar nicht mehr leben", sagt der 77-Jährige. Er ist zwar längst in Pension, aber sein Laden ist sein Leben. Als er auf seinem bequemen Bürostuhl an der Kasse sitzend erklärt, dass er nun aber bald ans Aufgeben denkt, lachen alle Kunden. „Das sagt Kurt nun schon seit fast zehn Jahren. Ohne seinen Laden kann er doch gar nicht!"

---

Beuerner Straße 20, 35466 Rabenau–Allertshausen, Telefon 06407 7842

# 89 Dom der Rabenau
## Die älteste Organistin Hessens tut hier Dienst

Stolz und mächtig thront die evangelisch-lutherische Kirche mit gotischem Turm aus dem 13. Jahrhundert auf einer Basaltkuppe über dem Örtchen Londorf. Durch die exponierte Lage und ihre dominante Gestalt ist die Kirche über den Ort hinaus zu einem Wahrzeichen der Landschaft geworden und wird daher auch als „Dom der Rabenau" bezeichnet.

Das Kirchenschiff besteht aus einem Mittelschiff und zwei Seitenschiffen, die durch je vier starke Steinsäulen auf jeder Seite voneinander getrennt sind. Betritt man die Kirche durch den Turmeingang, fällt der Blick zuerst auf den Altar aus Lungstein. Im Mittelschiff, links vom Mittelgang, steht der ebenfalls aus Lungstein (Basalt mit Lufteinschlüssen) gehauene zwölfeckige Taufstein.

Die Orgel, hergestellt von den Brüdern Link aus Gingen an der Brenz, besitzt zwei Manuale, 1400 Pfeifen, 22 Register und ist gut 100 Jahre alt. Sie wurde nach dem Neubau der jetzigen Kirche (1866) gegen eine bereits vorhandene, sehr störanfällige Orgel im Jahr 1911 ausgetauscht und ist bis heute nahezu unverändert geblieben. Mit ihrem weichen und singenden, dennoch fundierten Klang ist die Londorfer Orgel ein hervorragendes Beispiel der Orgelbaukunst.

Hier tut die wohl älteste Organistin in Hessen, ja wahrscheinlich in ganz Deutschland, jeden Sonntag und bei jedem Kirchenfest Dienst. Wilma Dörr ist 85 Jahre jung und spielte bereits mit zehn Jahren zum ersten Mal die Orgel. In ihrer gesamten Organistinnenzeit hat sie nur zwei Mal, nämlich nach der Geburt ihrer Kinder, einen Gottesdienst versäumt. Urlaub? Den gönnt sie sich fast nie, da es kaum Ersatz für sie gibt.

---

Evangelisch-lutherische Kirchengemeinde 35466 Rabenau–Londorf, Gießener Straße 30, Besichtigung nach Vereinbarung mit Pfarrer Leissler, Telefon 06407 4058931, www.londorf.de

# 90 Londorfer Pavillon
## Rilkes Lieblingsplatz

Der von 1820 bis 1830 von Baron Georg von Nordeck zur Rabenau und seinem Rentmeister Engel angelegte Park, der heutige Burggarten, ist ein nach englischem Vorbild gestalteter Landschaftsgarten. 1842 wurde der im klassizistischen Stil entworfene Pavillon fertig. Drumherum eine Mauer aus dem in Londorf abgebauten Lungstein, einem seltenen Basalt.

Bei einem Rundgang stößt man sofort auf das Gartenhaus, auch „Londorfer Pavillon" genannt, und einen malerischen Springbrunnen. Das Gartenhaus ist mit zwei eckigen und zwei runden Säulen einer griechischen Tempelhalle nachempfunden. Hier war unter anderen der Dichter Rainer Maria Rilke öfter zu Gast.

Luise Gräfin von Schwerin und Freiin von Nordeck zur Rabenau hatte 1905 den Dichter während eines Kuraufenthalts in Dresden kennengelernt. Die kunst- und literaturbewusste Gräfin lud den armen Poeten nach Schloss Friedelhausen und zu prächtigen Gartenfesten in Londorf ein. „Sie protegierte ihn, bestärkte ihn in seiner Dichtkunst und vermittelte ihn an Karl von der Heydt, Bankier und Sammler, der Rilke als erster Mäzen von dieser Zeit an finanzierte", erzählt Anna Gräfin von Schwerin bei einer Privatführung im Park.

Über die ursprünglich verschlungenen Pfade, die Kronleuchter im Pavillon, die den ganzen Park in flackerndes Licht hüllten, die elegant gekleideten Herrschaften, die im Park flanierten und die stetig steigende und fallende Wassersäule im schlichten Brunnen, der inmitten eines kleinen, mit allerlei Wasserpflanzen bewachsenen Teiches steht, schrieb Rilke zeitlebens in seinen Briefen und Gedichten.

---

35466 Rabenau–Londorf, Gießener Straße 22, Führungen nach Vereinbarung, Info: Verkehrsverein Rabenau e.V., Frau Wissner, Telefon 06407 5353

# 91 Skulpturenpark
## Die Venus von Londorf

Zwei dicke, halbe Kugeln und eine kreisrunde in der Mitte – fertig ist die mehr als mannsgroße Figur, die an eine vollschlanke Dame à la Venus von Willendorf erinnert. Eine andere Skulptur am Radweg Lumdatal sieht aus wie ein auf den Kopf gestelltes A. Insgesamt sechs große Skulpturen aus heimischer Basaltlava säumen den Weg. Die Auswahl der Standorte soll die Schönheit und Vielfalt von Natur und Kultur in der Region hervorheben.

Entstanden sind sie in einer Reihe von internationalen Bildhauersymposien, die zwischen 1997 und 2005 im Steinbruch von Londorf stattgefunden haben. Die Künstler: Marco Book, Uli Schwander, Alf Becker, Holger Vanicek, Ursula Beiler und Uli Mathes.

Der Londorfer Basalt war für die Künstler eine einmalige Gelegenheit, an Material zu kommen, das seinesgleichen in der Welt sucht: die farbigen Gegebenheiten, die unterschiedliche Maserung, die natürlich gegebene Außenhaut mit ihren farblichen Verwitterungs-spuren – all dies hat die Künstler inspiriert, Skulpturen unvergänglicher Schönheit zu schaffen. Besonders schön kommt die Oberflächenvielfalt bei einem grob behauenen, megalithisch anmutenden Stein am Ortsausgang von Londorf zur Geltung.

Basaltlava ist das Gestein des Vogelsbergs und wurde schon beim Bau des Kölner Doms verwendet. Der Basalt des Lumdatales ist einer der hochwertigsten in Deutschland. Seit die Region besiedelt wurde, wird in unterschiedlicher Intensität Basalt abgebaut, bearbeitet und eingesetzt. Es gibt sehr viele Gebäude in der Region – aufgebaut vom Keller über die Fassaden, Treppen, Tür- und Fenstereinfassungen, Haussockel bis zum Dach – aus der heimischen Basaltlava.

---

Radweg im Lumdatal, Ortsausgang 35466 Rabenau-Londorf – Richtung Allendorf/Lumda. Folgen Sie den Hinweisschildern des Lumda-Wieseck-Radwanderweges.

# 92 Hofgut Appenborn Keramikwerkstatt
## Feuer und Flamme

Etwas außerhalb von Odenhausen, an der Quelle des Appenborner Baches, liegt das Hofgut Appenborn, einst im Besitz des Grafen Eberhard von Schwerin zu Friedelhausen. In der historischen Kulisse des 1708 erbauten Hofguts war bereits Rainer Maria Rilke zu Gast. Heute entstehen hier auf hohem künstlerischem Niveau und mit unterschiedlichen Arten der Tonbearbeitung Gebrauchsgegenstände und Objekte.

„Durchgebrannt" heißt der Kunst- und Keramikmarkt, der alljährlich zu Pfingsten auf dem Hofgut stattfindet. An diesem Tag steht die Keramik mit all ihren facettenreichen Ausführungen im Mittelpunkt des Geschehens. An die 30 ausgewählte und professionell arbeitende Werkstätten stellen dann ihre handgefertigten Arbeiten vor. Auch am zweiten Wochenende im März kann man Keramiker Karl-Heinz Till und Kollegen beim Töpfern und Brennen zuschauen.

Karl-Heinz Till und seine befreundeten Kollegen Karin Schweikhard und Michael Limbeck haben 2013 auf dem Hofgut Appenborn einen ganz besonderen Brennofen für ihre Werkstücke gebaut – einen „Train Kiln". Der Ofen hat die Form einer Lokomotive (Feuerraum und hoher Kamin), besteht aus aufeinander geschichteten Steinen und ist innen mit feuerfesten Schamottsteinen gemauert.

Der Ofen wird bereits am Vorabend des Brenntages angefeuert – und zwar von oben – was beim Brennen von Ton oder Keramik nicht üblich ist. Das Holz brennt nach unten weg, und Frischluft zieht von oben in den Ofen. Dabei entwickeln sich sehr hohe Temperaturen (900 bis 1000 Grad). Die aufliegende Asche und Feldspat-Glasuren geben den Gebrauchsgegenständen wie Becher, Schalen, Kannen und Dosen und auch den fragilen Kunst-Objekten von Karl-Heinz Till ganz besonders schöne Farbschattierungen.

---

Karl-Heinz Till, Hofgut Appenborn, 35466 Rabenau–Odenhausen, Telefon 06407 1293, www.rauchbrand-werkstatt.de

# 93 Hofgut-Sattlerei Danielle Pfeifer
## Der Wilde Westen liegt in der Rabenau

Das Hofgut Odenhausen war ein Adelshof der Herren Nordeck zur Rabenau. Hier steht das vermutlich höchste freistehende bewohnte (und wunderschön sanierte) Fachwerkhaus Hessens. Aber hierher pilgern hessische Cowboys und Cowgirls nicht wegen der historischen Bausubstanz, vielmehr wegen der qualitativ hochwertigen, schönen, handgemachten Westernsättel. Die und weiteres Zubehör vom Kopfzeug bis zu Sporenriemen, von Satteltaschen bis zu Gürteln fertigt Danielle Pfeifer in ihrer Werkstatt auf dem Hofgut.

Mit der Eröffnung der Hofgut-Sattlerei ging für Danielle Pfeifer, studierte Lehrerin für Russisch und Englisch, Westernreiterin, gelernte Sattlerin und Mama von drei Kindern, ein lang gehegter Wunsch in Erfüllung. „Nach dem sehr theoretischen Studium stand fest, dass ich nicht unterrichten, vielmehr etwas Handwerkliches machen wollte“, sagt sie. „Als Reiterin lag es nahe, mich der Sattlerei zu widmen. So habe ich nach dem Studium das Handwerk von der Pike auf bei einer der renommiertesten Sattlereien Deutschlands gelernt. Bevor ich 2012 meine eigene Werkstatt eröffnete, habe ich in einigen großen und kleinen Sattlereien gearbeitet.“

In der Hofgut-Sattlerei wird ausschließlich hochwertiges, pflanzlich gegerbtes Rindsleder, welches auch nach langem Gebrauch nicht seine Farbe verliert, in vier Grundfarben verwendet. Für die Herstellung eines Sattels braucht Danielle Pfeifer rund 40 Stunden, das Vermessen des Pferderückens vor Ort, die Besprechung der Wünsche und Bedürfnisse der Reiter nicht mit eingerechnet. Handgefertigte Westernsättel bekommt man in der Hofgut-Sattlerei ab 1900 Euro – aufwendige Punzierungen (Eintreiben von Mustern in das Leder in Handarbeit), Beschläge oder Flechtwerk kosten extra. Passformkontrolle bei Sätteln aller Art, Polsterarbeiten bei Englisch-Sätteln und Reparaturen an Lederwaren führt die Sattlerin ebenfalls aus.

---

Hofgut Odenhausen, Appenborner Weg 13, 35466 Rabenau–Odenhausen, Danielle Pfeifer, Telefon 06407 4080197, Mobil 0173 8177455, www.hofgut-sattlerei.de, Termine auf Anfrage

# 94 Ober- und Unterburg
## Im Zeichen der Burg(en)

Weithin sichtbar thront die Burganlage über Staufenberg. An der höchsten Stelle des Basaltkegels steht die Oberburg. Geht man auf dem Rundweg zu Fuß von der gut erhaltenen Unterburg, heute Hotel mit Restaurant und aussichtsreicher Terrasse, durch den Wald und über steile Stufen hinauf, erwartet man, dass jeden Moment Schneewittchen, die sieben Zwerge oder der König Drosselbart um die Ecke kommen. Wildromantisch und ganz märchenhaft ist nämlich die gut gesicherte Ruine der Oberburg. Das ist dem Engagement der Heimatvereinigung Staufenberg zu verdanken.

Zum ersten Mal schriftlich erwähnt wurde die Burg um 1233. Weitgehend zerstört wurde die Oberburg im Verlauf des sogenannten Hessenkrieges, der zwischen 1646 und 1648 tobte. Die Burg diente fast einhundert Jahre, bis 1843, als Steinbruch und wurde danach gesichert. Heute sind noch Mauerreste eines gotischen Palas, dem Hauptgebäude der Burg, sowie des angrenzenden Eckturms mit noch vorhandener und begehbarer Wendeltreppe erhalten. Zu sehen sind außerdem Teile der Ringmauer, einige Keller sowie ein Tor aus dem 15. Jahrhundert. Die Oberburg ist heute Ausflugsziel, Kulisse für Feste und Theateraufführungen. Von oben hat man eine wunderbare Aussicht auf Staufenberg und die grüne Landschaft des Lahntals zu Füßen des Burghügels.

Direkt unterhalb der Oberburg befindet sich die Unterburg, die wahrscheinlich Friedrich I. von Rolshausen und seine Frau Anna Rau von Holzhausen im Jahre 1517 erbauen ließen. Gegen Ende des 17. Jahrhunderts kam die Burg in den Besitz der Freiherren von Grass. Bald danach wechselten die Besitzer, und das Gebäude verfiel zur Ruine. Mitte des 19. Jahrhunderts kauften die Prinzen von Hessen das Anwesen und ließen es durch den Architekten Hugo von Ritgen wieder aufbauen.

---

Kernstadt Staufenberg, 35460 Staufenberg, im Ort ausgeschildet.
Kontakt und Führungen: Heimatvereinigung Staufenberg, Telefon 06406 3775.

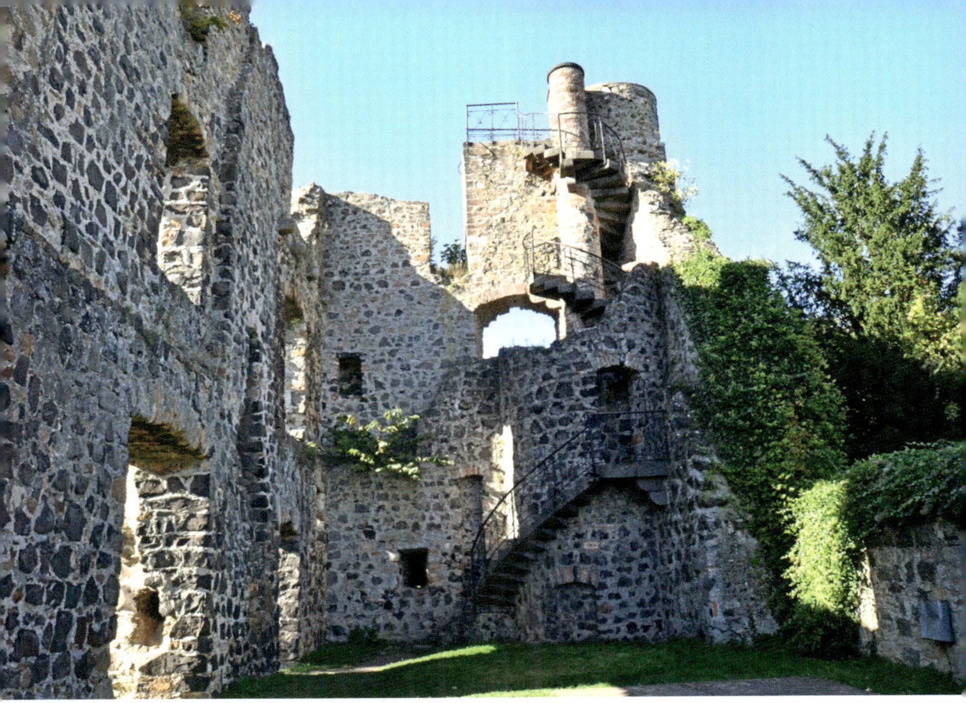

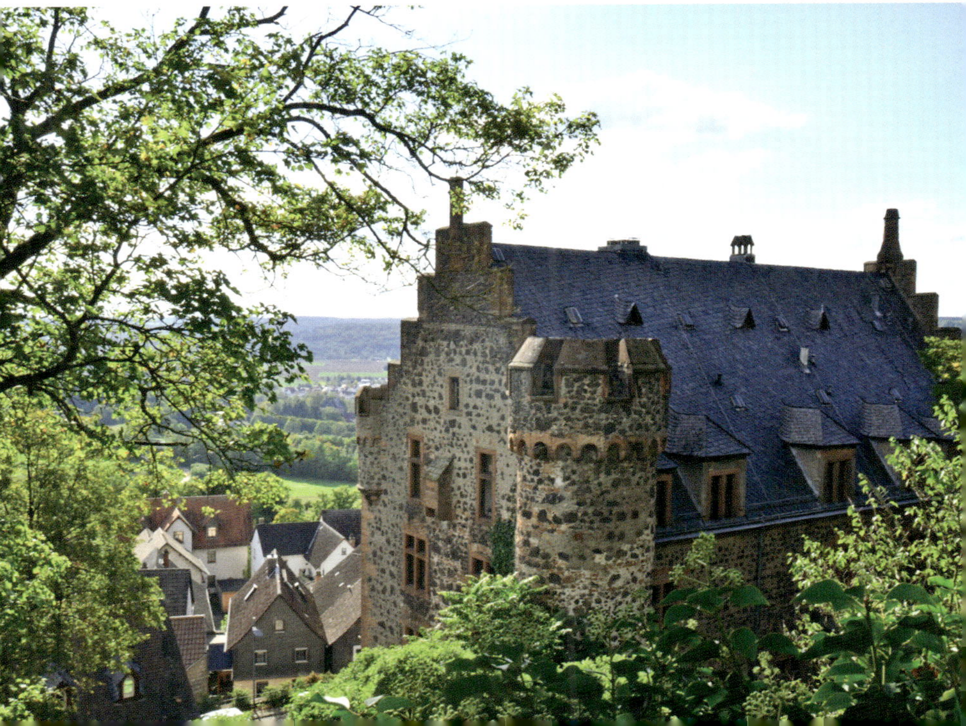

# 95 Eierautomat
## Eier to go

Eine Attraktion, die an längst vergangene Tage der Grundversorgung aus umfangreich bestückten Automaten nach Geschäftsschluss erinnert, ist der Eierautomat am Hof der Familie Michel an der Bahnhofstraße. Hier gibt es frische Eier aus Freilandhaltung im 6er- oder 12er-Päckchen – und das 24 Stunden am Tag!

Am Treiser Eierautomaten kann man also nach einer durchfeierten Nacht oder wenn sich zu später Stunde unverhofft Besuch anmeldet, ein Päckchen Eier ziehen und in die Pfanne schlagen – so ist die Grundversorgung gerettet. Besser als jedes Fastfood, denn die Hühner sind glückliche Hühner, die in bäuerlicher Freilandhaltung leben und mit dem auf dem Hof erzeugten Getreide gefüttert werden. Nach dem Test zu Hause kann ich nur sagen: prima Eier!

Der Eierautomat wird – je nach Jahreszeit zwei- bis viermal pro Tag aufgefüllt. „Vor Ostern oder in der Weihnachtszeit kommen wir manchmal kaum nach", sagt der Chef des Hofes Stephan Michel.

Die Familie Michel betreibt in Treis einen kleinen landwirtschaftlichen Betrieb und pflegt die Tradition der ehrlichen Lebensmittelerzeugung. Qualität und Frische haben oberste Priorität im Betrieb und im Träser Hoflädchen. „Wir sind kein Bio-Betrieb, wir verstehen uns vielmehr als Natur-Betrieb", erklärt Stephan Michel. „Das bedeutet, wir bemühen uns, sehr behutsam mit unserer Welt umzugehen."

So gibt es im Hofladen neben den hofeigenen Produkten wie Kartoffeln, hausgemachter Wurst und Fleisch von artgerecht gehaltenen Hausschweinen, die bei schönem Wetter Ausgang haben, selbstgemachte Fruchtaufstriche, auch Milch, Sahne, Butter, Käse, Joghurt, Bauernhof-Eis, Kuchen im Glas, Honig, Senf-Variationen, Chutneys, Pesto, Nudeln, Öle, Essige, diverse Brände und Liköre sowie Obst und Gemüse. Das Sortiment wird durch Handarbeiten und Bücher von Treiser Künstlern abgerundet.

---

Träser Hoflädchen, Bahnhofstraße 6a, 35460 Staufenberg–Treis, Telefon 06406 73741, Ö: Di/Fr 14–18, Sa 9–13 Uhr, www.direktvermarktung-treis.de

# 96 Golden Oldies
## Deutschlands schönste und größte Nostalgie-Messe

Die Mädels tragen Petticoats, die Jungens wollen aussehen wie James Dean. Damen und Herren flanieren im Original-Outfit der „Roaring Fifties" oder „Swinging Sixties" über die Hauptstraße unterhalb der Burg. Auf den Straßen tanzt - wer's kann - Rock'n'Roll oder Boogie Woogie. Mehr als 50 Bands treten auf. Das Oldie-Festival in Wettenberg begeistert alljährlich mehr als 70.000 Besucher aus ganz Europa.

Unter dem Motto „Musik, Motoren, Memories" kann man sich seit Ende der 1980er Jahre alle Jahre wieder im Juli auf eine Zeitreise in die 1950er bis 1970er Jahre begeben. Der Rock'n'Roll bestimmt dann für ein Wochenende den Puls der Stadt. Kinderwagenparade und Petticoat-Contest runden das Programm ab. Die große Show der Klassikfahrzeuge mit gut 1000 Oldtimern ist der automobile Höhepunkt des Oldiefestivals.

Auf der wohl ältesten und einer der größten Nostalgie-Messen der 1950er/1960er Jahre bieten zudem mehr als 100 Stände die Originalware der Wirtschaftswunderzeit von Petticoats, Tulpenlampen, Schallplatten bis zur Jukeboxen an.

Ende der 1980er Jahre hatte Peter Turczak die Idee, die schönsten Fahrzeuge und die Musik dieser Zeit zu einer Zeitreise zusammen zustellen. Als Leiter der damals international bekannten „Lahn-River-Jazzband" und als NSU-RO-80-Fan kannte er sowohl die Musikszene als auch die damals gerade entstehenden „Youngtimerclubs".

In Wettenberg - nach einem Konzert der Lahn-River-Jazzband auf der Burg Gleiberg — erkannten Bürgermeister Gerhard Schmidt und Rita Langhammer, im Rathaus zuständig für die Kulturarbeit, das Potential der Veranstaltung für ihre Gemeinde. „Local Business" war das Motto. Heimische Gastronomen und Wettenberger Vereine schaffen noch heute das Fundament für das Gelingen des Festivals.

---

Während des Oldiefestivals ist die ganze Wettenberger Innenstadt für den Autoverkehr gesperrt. 35435 Wettenberg, www.golden-oldies.de

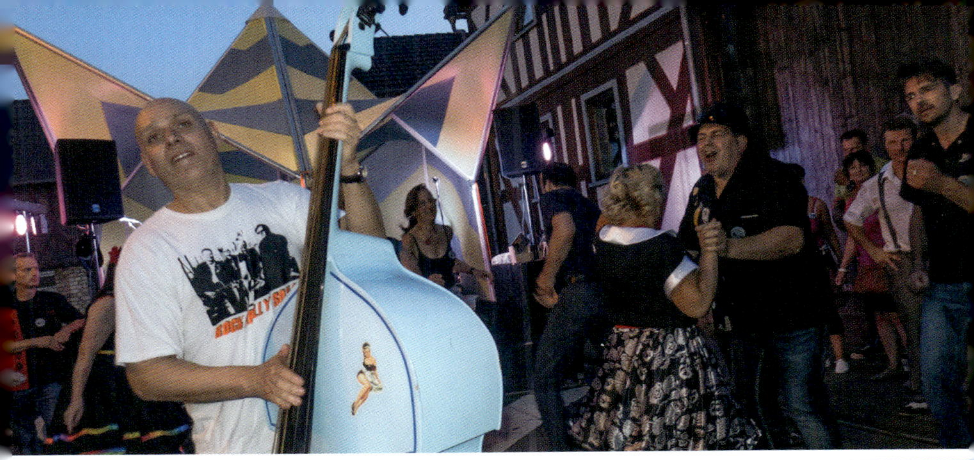
Herzlich
Willkommen!
400
PS HE 26

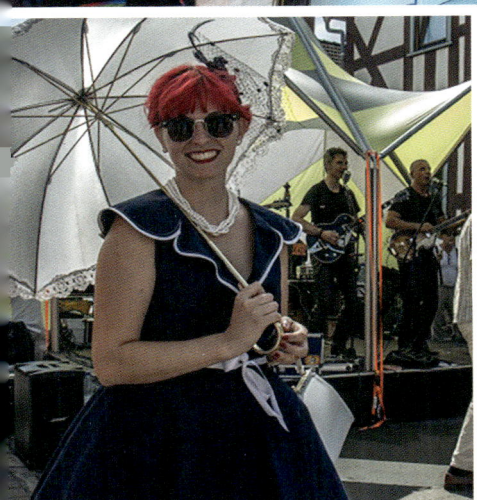

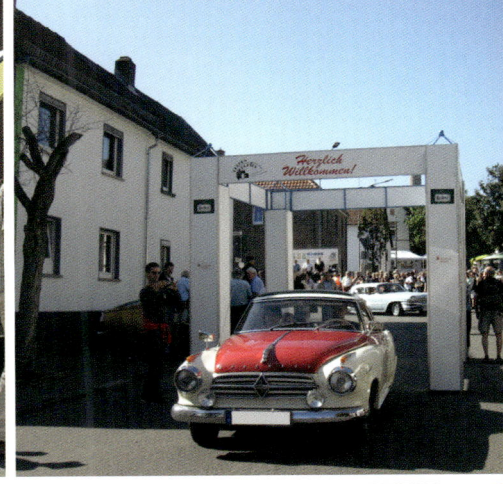

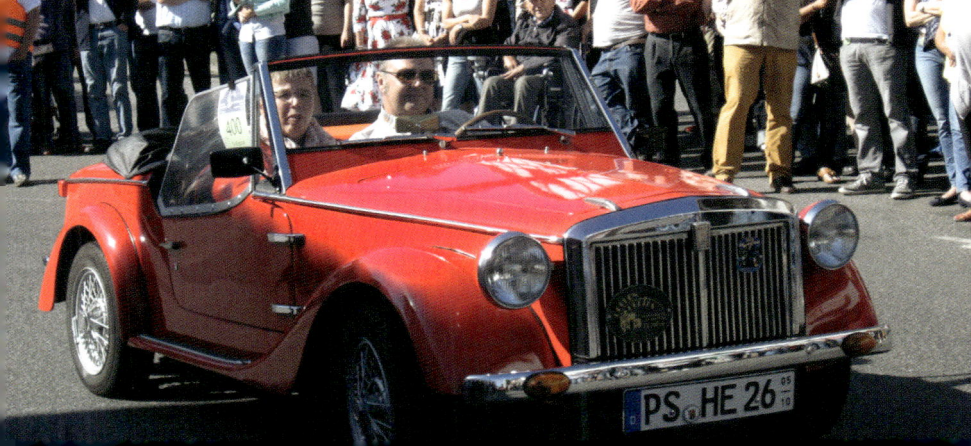

# 97 Hessisches Holz + Technikmuseum
## Bei Technikfragen ... hier fragen!

Die mächtige Dampfmaschine, Baujahr 1937, und ein kreischendes, ratterndes Sägegatter aus dem Jahr 1949, gerettet aus dem ehemaligen ortsansässigen Sägewerk Winter, und der topmoderne Solarkocher, mit dem für Gruppen auch mal ganz spektakulär die Würstchen vor dem Museum mit Sonnenenergie heiß gemacht werden oder der beleuchtete Jahreszeitenbaum – dieses Museum steckt voller Überraschungen.

Wie sieht es im Inneren eines Baumes aus? Wie baut man eine Geige? Wie arbeitet eine Brennstoffzelle? Oder wussten Sie, wie viel mechanische Arbeit in einer Kilowattstunde steckt? Testen Sie es am „Labometer"! Überraschend für den Laien: Ein Raummmeter Eichenholz, der anschaulich aufgestapelt ist, entspricht dem Heizwert von 200 Litern Heizöl.

Die Auseinandersetzung mit dem Roh- und Naturstoff Holz und die Entwicklung der bei der Be- und Verarbeitung eingesetzten Werkzeuge und Maschinen sowie die technische Entwicklung in der Wärme- und Energieerzeugung werden im interaktiven, multimedialen Mitmachmuseum in den Abteilungen Forst, Dampfmaschine, Sägewerk & Zimmerei, Schreinerei und Energie eindrucksvoll dargestellt.

Ausgehend von der Hege und Pflege des Waldes über den Holzschlag bis hin zur Nutzung des Werkstoffs und nachwachsenden Energieträgers zeigt das Museum, dass Mensch und Holz entwicklungsgeschichtlich untrennbar miteinander verbunden sind.

Ausprobieren ist an vielen Stationen des Museums ausdrücklich erwünscht. Außerdem gibt es Ausflüge in den Wald mit einer Waldpädagogin, einen Outdoor-Bereich, in dem sich die jungen Gäste austoben können, ein Bistro und schöne, handgefertigte Souvenirs aus Holz. Kindergeburtstage werden gern organisiert.

---

Im Schacht 6, 35435 Wettenberg, Telefon 06406 8307400,
Ö: Di, Do, So 11–17 Uhr oder nach Voranmeldung, www.holztechnikmuseum.de

# 98 Burg Gleiberg
## Ausflugsziel für Gipfelstürmer

Majestätisch thront die markante Burg auf einem Basaltkegel, 308 Meter hoch über dem Gleiberger Land. Das Gemäuer blickt auf eine über tausendjährige, bewegte Vergangenheit zurück. Die Burganlage besteht aus der älteren Oberburg (erbaut um 950 n. Chr.) und einer später erbauten Unterburg.

Heribert von der Wetterau machte die Burg 949 zur Residenz seiner Grafschaft Gleiberg. Nach seinem Tod gelangte die Burg an seinen Schwiegersohn Friedrich von Luxemburg, den Begründer des luxemburgischen Grafenhauses. Die Burg gilt als möglicher Geburtsort von Kaiserin Kunigunde (um 980). Noch eine bedeutende Frau von hier, jedoch aus dem 12. Jahrhundert, ist Clementia von Gleiberg. Sie gründete 1129 auf dem Schiffenberg bei Gießen das Augustiner-Chorherrenstift.

Der Aufstieg raubt den Atem und ist schweißtreibend – es sei denn, man fährt hinauf. Oben gibt es aber nur wenige Parkplätze. Ganz oben, also auf der Aussichtsplattform des begehbaren Turms (31 Meter hoch) angekommen, ist die Aussicht ins Gießener Becken, zum Vogelsberg, Westerwald und Taunus dann grandios.

Spaziert man in den massiven Ruinen der Oberburg umher, fühlt man sich ein bisschen wie ein edles Fräulein, bekommt aber auch eine Vorstellung davon, wie kalt und wenig komfortabel das Leben in den dicken Steinmauern gewesen sein muss.

Auch gastronomisch hat die Burg einiges zu bieten: die schöne Terrasse, Rittersaal, Luxemburger Zimmer und die neu gestalteten Restauranträume im Nassauer Bau, der Albertuskeller im Albertusbau und der idyllische Albertusgarten laden zum Verweilen ein.

---

Burgstraße, 35435 Wettenberg-Krofdorf-Gleiberg, Ö: Das Burggelände und der Rundbergfried sind jederzeit zugänglich. Führungen: Gruppen bis 30 Personen nach Voranmeldung, Dr. J. Leib, Telefon 0641 82586, www.burg-gleiberg.de, Restaurant Burg Gleiberg, Telefon 0641 81444, Ö: täglich außer Montag 12–14 und ab 18 Uhr.

# 99 Froaschgass' Museum
## Reise in die Vergangenheit

Das Museum hat seinen Namen aus einer Zeit, als es noch keine Straßennamen gab. Im Volksmund wurde der Weg, der am Haus vorbeiführte, Froaschgass' genannt. Lag doch am Ende ein Löschwasserteich, in dem vermutlich zahlreiche Frösche ihr Zuhause hatten. In der Scheune einer über 200 Jahre alten Hofreite werden auf drei Etagen mehr als 5000 Exponate gezeigt.

Der Sammelleidenschaft des Museumsgründers Hans Weber ist es zu verdanken, dass man von der Wohnküche, der Schusterwerkstatt bis zum Krämerladen, von zahlreichen Puppenstuben und Kaufmannsläden bis zu Sammlungen von alten Handwerks- und Haushaltsgeräten, von Gebrauchskeramik aus der Wiesecker Manufaktur Ludwig Kessler bis zu Gartenzwergen und Gemälden, von Trachten bis Uromas Wäscheausstattung mit Raritäten wie Bettwäsche im Blaudruck, einer längst vergessenen Färbetechnik, die so nur noch im Hessenpark hin und wieder vorgeführt wird, und noch viel mehr aus längst vergangenen Zeiten bewundern kann. Oder die komplett ausgestattete Schusterwerkstatt – von den Leisten bis zur seltenen Schusterlampe und Knochenleim-Stücken, von der Schusternähmaschine bis zu alten Schuhcremedosen. Im Nachkriegskrämerladen ist von Kaba-Päckchen bis Nivea-Dosen das ganze Sortiment aus Wirtschaftswunderzeiten en miniature zu finden.

Seine Sammlung hat Hans Weber sachkundig auf Flohmärkten und bei Haushaltsauflösungen über 30 Jahre lang gesammelt und mit viel Liebe und Geschick auch das „Zubehör" wie Mini-Würste für den Metzgerladen, Hütten für den historischen Weihnachtsmarkt oder Staffage für die Modelleisenbahn gebastelt.

Übrigens: Wer eine Führung mit Brigitte Weber bucht, kann sich auf dem alten Küchenofen nach überliefertem Familienrezept köstliche Waffeln backen lassen!

---

Rodheimer Straße 34, 35435 Wettenberg-Krofdorf-Gleiberg, Telefon 0641 82776, Führungen nach Vereinbarung.